WWW.foreverbooks.com.tw   yungjiuh@ms45.hinet.net

思想系列 56

改變百萬人命運的人際交往術

編　　著	金仁川
出 版 者	讀品文化事業有限公司
執行編輯	林美娟
美術編輯	林家維

本書經由北京華夏墨香文化傳媒有限公司正式授權，
同意由讀品文化事業有限公司在港、澳、臺地區出版
中文繁體字版本。

非經書面同意，不得以任何形式任意重製、轉載。

總 經 銷	永續圖書有限公司
	TEL／(02) 86473663
	FAX／(02) 86473660
劃撥帳號	18669219
地　　址	22103　新北市汐止區大同路三段 194 號 9 樓之 1
	TEL／(02) 86473663
	FAX／(02) 86473660
出 版 日	2015年4月

法律顧問	方圓法律事務所　涂成樞律師
CVS代理	美璟文化有限公司
	TEL／(02) 27239968
	FAX／(02) 27239668

國家圖書館出版品預行編目資料

改變百萬人命運的人際交往術 ／ 金仁川編著.
-- 初版. -- 新北市：讀品文化, 民104.04
　　面；　　公分. -- (思想系列；56)
　　ISBN 978-986-5808-94-5(平裝)
　　　1.人際關係 2.社交
　177.3　　　　　　　　　　　104002314

前言

社交，其實就是人與人之間的相互結識、相互理解、相互作用。它是人的思想、觀念、興趣、情感和態度的相互交流過程，其目的在於社交、協調和建立起良好的人際關係。社交能力，也就是人們在社會生活中與他人社交思想、聯絡感情、增進友誼，從而建立起廣泛的社會聯繫的一種能力。

人是社會中的人，生活、辦事無時無刻不與人交往，沒有良好的社交，便不能獲得別人的幫助與支持，甚至會處處遇到阻撓，讓他有力無處使。反之，一個善於社交的人，就算他能力平平，但他能處處獲得別人的幫助。所以，往往是這樣的人，辦起事來如順風行船，很容易達到目的。

所以，如果你生來沒有富爸爸，也沒有娶到富家女或嫁給金龜婿，那麼，你還有第三個扭轉命運的機會——打造你的社交競爭力。

因此，聰明的人，現在就應該思考了，在你的「人生存摺」中，除了金錢、專業知識，你有多少社交資源？你的「人脈競爭力」有多強？未來，你打算讓這個存摺變成怎樣的資料庫？

　　作為群居動物，人的成功只能來自於他所處的人群及所在的社會。一個人如果沒有一定的社交能力，免不了處處碰壁。這就表現了一個定律：人脈就是財脈，開拓社交就是廣植財脈！

　　調查顯示，但凡是事業成功的人，都擁有超出常人的社會交往能力，他們經常參加各種各樣的交流會，時時處處以積極主動的姿態去不斷結識比自己更加優秀的同行、潛在的客戶、未來可能的雇主。他們善於適時適地恰到好處地展示自身的過人之處，給對方留下良好印象。

　　一個人要想提高自己的社交能力，固然離不開書本知識，但更重要的是要善於在實踐中認真學習、觀察和總結。事實證明，只有在社交過程中，從社交成功人士的身上，或從自己的親身經歷中取得直接或間接經驗，才能使自己的社交能力得到較大的提高，從而逐步展現出一個社交成功者的風采。

改變 人際交往術
百萬人命運的
Human communication can change everything

第4章　親密有度：君子之交淡如水

第5章　把握「溫度」：與愛人跳一場和諧的雙人舞

目　錄

改變百萬人命運的 人際交往術
Human communication can change everything

第9章　建立權威：身分是一個很奇怪的東西

目　錄

超級社交法則：十大百試百靈的人際定律

卡內基關於社交的法則有一段非常精彩的話，他說：「一個不能夠徹悟何為社交，並且把它靈活用於自己生活中的人，一輩子都是一個新的『魯賓遜』孤獨的單行者！」

在現實生活中，許多人在社交方面犯下了「幼稚病」，例如不注重第一印象，不懂得保持距離，不明白換位思考，不理解相知相惜，等等，假如你能瞭解社交的一些法則，就會取得事半功倍的效果。本章列舉了社交中不得不知的十大社交法則，幫助你在社交中如魚得水，為自己人生打下良好的社交之「根」。

首因效應：「第一印象」相當重要

有人曾打趣地說：「第一印象猶如童貞，一旦失去，就永不再來。」

那時候，達芬妮是兩個女兒的媽媽，她決定向銀行貸款，開一家出售天然化妝品的美容小店。這天，達芬妮上身穿一件舊T恤衫，下身穿一條洗得發白的牛仔褲，背著小女兒，拉著大女兒，闖進了銀行經理的辦公室。她繪聲繪色地向銀行經理介紹自己的創業構想和「美容小店」的未來遠景，但銀行經理拒絕了她的貸款請求。

達芬妮失望而歸，向丈夫抱怨那個銀行經理的鐵石心腸。她說：「我帶上女兒都沒有打動他！」而丈夫比較理智，「銀行是一個投資機構，不是救濟所，在這裡，T恤衫和牛仔褲是沒有說服力的。」

於是，他陪達芬妮去時裝店買了西裝，還請一位會計師寫了一份不同凡響的可行性報告，另附有預估的損益表及一大疊文件附頁，連同自家的房產證明，都裝在一個精美的塑膠卷宗夾裡。然後，他們衣冠楚楚地又去了那家銀行。這回他們沒費口舌就得

到了貸款。

這件事使達芬妮意識到形象與事業成功的關係，從此，她特別注意自己的形象與商店的形象。後來，她把「美容小店」開遍了世界各地。

英國形象設計師羅伯特‧龐德說：「這是一個兩分鐘的世界，你只有一分鐘展示給人們你是誰，另一分鐘讓他們喜歡你。」人與人第一次交往中給人留下的印象，在對方的頭腦中形成並占據著主導地位，這種效應即為首因效應。一般而言，第一印象好，雙方繼續交往的積極性就高，良好的關係就可能逐漸形成與發展；反之，則可能無法建立相對親密的關係。

那麼如何才能給人以良好的第一印象呢？首先，要注意自己的裝扮。有一家保險公司的市場調查人員發現，他們勸說別人買保險時，穿戴整齊比穿得不好業績上要好得多。可見，雖然有的人由於職業的原因，無法像某些職業的人員那樣衣冠楚楚，但對穿著整齊的人，總是較有信賴感。

因此，任何人都不要過分嘲笑「先敬羅衣後敬人」這種社會風習。我們進行應酬時，應該重視一下現實，要推己及人，不然的話，遲早要遭遇一些不必要的失敗。

其次，放鬆心情。要使別人感到輕鬆自在，首先你自己就必須表現得輕鬆自在。無論遇到什麼嚴重的事情，心理上都要儘量放鬆。學點幽默，不要總是神色嚴肅，或做出一副永遠苦悶的樣

子。因為對方總是不願挨批評或做你的出氣筒。你應該把心情放鬆一下，否則他人會對你感到厭倦。

當然，笑容也很重要。最好的笑容要求目光接觸都是溫和自然的，並不是勉強做出來的。同時，還應注意發揮自己的長處。當你能夠充分地發揮自己的長處時，別人就會喜歡跟你在一起，並容易同你合作。一個人要瞭解自己，把握自己的特點，如外貌、精力、說話速度、聲音的高低和語氣、動作、手勢、神情以及其他吸引別人注意的能力等。要知道，別人正是根據這些特點來形成對你的印象的。因此，在社會交往活動中，要充滿自信，並盡可能發揮自己的長處。

掌握了以上技巧，你就會在社會交往中樹立自己的良好形象，就會有更多的人樂於與你交往。

還有就是保持自我本色。那些懂得與人交往的人，永遠不會因場合不同而改變自己的性格。保持真我，保持最佳狀態的真我才是給人留下美好印象的祕訣。不管是與人親切交談，還是發表演說，都要保持自己的本色不變。

豪豬效應：社交離不開一定的空間距離

　　一群刺蝟在一個寒冷的冬天擠在一起取暖。但是牠們的刺總是刺傷別人，於是不得不分散開。可是寒冷又把牠們聚在一起，於是同樣的事發生了。經過幾番聚散，最後牠們發現最好是彼此保持相當的距離。這就是刺蝟效應。

　　在一個剛剛開門的圖書館閱覽室，裡面只有一位讀者，心理學家就進去坐在他或她的旁邊。試驗進行了整整80個人次。結果證明，在一個只有兩位讀者的空曠的閱覽室裡，沒有一個被試者能夠忍受一個陌生人緊靠自己坐下。在心理學家坐在他們身邊後，被試驗者不知道這是在做實驗，更多的人很快就默默地遠離到別處坐下，有人則乾脆明確表示：「你想幹什麼？」

　　以上實驗說明：人與人之間需要保持一定的空間距離。任何一個人，都需要在自己的周圍有一個自己把握的自我空間，它就像一個無形的「氣泡」一樣為自己「割據」了一定的「領域」，因此有的心理學家就形象地稱之為「心理氣泡」或曰「人際氣泡」。由於這種心理氣泡的存在，當與陌生人交往時，往往有一種強烈的意識：必須與這個陌生人保持距離。美國西北大學的教

授愛德華在描述人的這種感覺時說：「當一個人的私人空間被闖入，他的身體會輕微地戰慄，他的眼睛會快速地抖動。」

在現實生活中，這種心理氣泡現象時有發生。

例如，夜晚在冷清的大街上行走，如果有其他人尾隨，或者經過你的身邊，那麼你的神經會帶動肌肉產生輕微的痙攣現象，讓你感受到了威脅。在公車上，假如車內有許多空位子，而有人緊靠你的座位坐下，你會感到很彆扭。在許多公共場合，例如銀行、ATM自動取款機、醫院等，保持與別人一公尺的距離，會讓人感到適應和安全。

這個空間距離並沒有一定之規定，而是因人而異，確切地說是因交往雙方的相互關係而定。對此，美國人類學家愛德華·霍爾博士劃分了四種人際交往的區域或距離。

1. 親密距離

這是人際交往中的最小間隔或幾無間隔，即我們常說的「親密無間」，其小範圍在6英寸（約15釐米）之內，其大範圍是6～18英寸（15～44釐米）之間，身體上的接觸可能表現為挽臂執手或促膝談心，表現出親密友好的人際關係。

就交往情境而言，親密距離屬於私下情境，只限於在情感上聯繫高度密切的人之間使用。在同性別的人之間，往往只限於貼心朋友，彼此十分熟識而隨和，可以不拘小節，無話不談。在異

性之間，只限於夫妻和戀人之間。

2.個人距離

這是人際間隔上稍有分寸感的距離，已較少直接的身體接觸。個人距離的小範圍為1.5～2.5英尺（46～76釐米）之間，大範圍是2.5～4英尺（76～122釐米）。任何朋友和熟人都可以自由地進入這個空間，人際交往中，親密距離與個人距離通常都是在非正式社交情境中使用，在正式社交場合則使用社交距離。

3.社交距離

這已超出了親密或熟人的人際關係，而是表現出一種社交性或禮節上的較正式關係。其小範圍為4～7英尺（1.2～2.1米），一般在工作環境和社交聚會上，人們都保持這種程度的距離。社交距離的遠範圍為7～12英尺（2.1～3.7米），表現為一種更加正式的交往關係。公司的經理們常用一個大而寬闊的辦公桌，並將來訪者的座位放在離桌子一段距離的地方，這樣與來訪者談話時就能保持一定的距離。

4.公眾距離

這是公開演說時演說者與聽眾所保持的距離。其小範圍為12～25英尺（約3.7～7.6米），大範圍在25英尺之外。這是一個

幾乎能容納一切人的「門戶開放」的空間，人們完全可以對處於空間的其他人「視而不見」，不予交往，因為相互之間未必發生一定聯繫。因此，這個空間的交往，大多是當眾演講之類，當演講者試圖與一個特定的聽眾談話時，他必須走下講臺，使兩個人的距離縮短為個人距離或社交距離，才能夠實現有效社交。

人人需要愛，但要愛得恰當。對人「好」要有餘地，適當地保持距離，應該作為一項重要的交際準則。而對人好的同時，要適當給別人回報的機會。

換位思考：從對方的立場來看事情

　　楊金安是住北部的一個小夥子，在一家大型物資公司工作，收入穩定，而且為人大方，樂於助人。按說這樣的年輕人有幾個要好的朋友是一件很容易的事情，但他有時候由於過於直率，說話不分場合，結果搞得朋友之間反目成仇，後悔不迭。

　　胡大剛是楊金安從小一起長大的朋友，兩人之間無話不談，形影不離，好得就像一個人。有一次他們兩個去參加朋友的聚會，來賓中還有幾個第一次見面的新朋友，大家一起把酒言歡，開始時氣氛十分融洽。

　　得意忘形的楊金安談興越來越濃，和大家東拉西扯好不快活，說著說著忽然說起了各自的往事，楊金安就把以前和胡大剛經歷的一件尷尬事全抖摟了出來。原來那次兩人一起去撞球場打撞球，胡大剛一不小心把球杆撞在別人的身上弄斷了，還把那人的衣服扣子刮掉了一個。對方十分不高興，差點動手揍胡大剛，幸虧楊金安在旁邊一直陪著好話安慰對方才算是化解了一場鬥毆，又賠了撞球場老闆一點錢了事。

　　楊金安說得眉飛色舞，眾人也都聽得哈哈大笑，而坐在旁邊

的胡大剛卻臉色陰沉，感到極不自然，聚會還沒結束就提前離開了。

後來兩人慢慢就將此事淡忘了，可是沒過多久楊金安又一次犯了這樣的錯誤，在別人面前大談特談胡大剛去他家裡玩時不小心弄壞了他的魚缸這件尷尬事。胡大剛這次再也忍不住了，兩人當場翻臉，吵得不可開交，如果不是旁邊的人及時攔住，很可能就會大打出手難以收拾。

另外還有這樣一則寓言：

一頭豬、一隻綿羊和一頭奶牛，被牧人關在同一個畜欄裡。有一天，牧人將豬從畜欄裡捉了出去，只聽豬大聲嚎叫，強烈地反抗。綿羊和奶牛討厭牠的嚎叫，於是抱怨道：「我們經常被牧人捉去，都沒像你這樣大呼小叫的。」豬聽了回應道：「捉你們和捉我完全是兩回事，他捉你們，只是要你們的毛和乳汁，但是捉住我，卻是要我的命啊！」

立場不同，所處環境不同的人，是很難瞭解對方的感受的。因此，對他人的失意、挫折和傷痛，我們應進行換位思考，以一顆寬容的心去瞭解，關心他人。

換位思考是指站在對方的立場上理解對方的想法、感受，從對方的立場來看事情，以對方的心境來思考問題。透過換位思考設身處地地理解別人能夠給對方帶來很大的好感，對方也會感到自己被尊重，從而願意與自己交流和社交。這種現象稱為「換位

超級社交法則：
十大百試百靈
的人際定律

思考定律」。

　　換位思考，關鍵在於設身處地去思考。人們常說瞎子點燈——白費蠟，但如果換位思考，有時就是一種智慧。

　　有一位盲人夜間出門，提著一盞明晃晃的燈籠，行人迷惑不解，忍不住上前問道：「大哥，你眼睛不好，還打著這個燈籠有用嗎？」「有用有用，怎麼會沒用。」盲人認真地回答。這時，周圍聚來些好奇的人都覺得盲人會很尷尬。沒想到，這位盲人的回答令人振聾發聵：「正因為我看不見你們，我才需要這盞燈籠給你們這些明眼人以提示，免得你們在黑暗中看不見我這個盲人把我撞倒了。」聽者心中豁然開朗，都被這位盲人的聰明所折服。而這位盲人手中燈籠所映照出的智慧，正是換位思考的成功一例。

　　換位思考是人對人的一種心理體驗過程。將心比心，設身處地，是達成理解不可缺少的心理機制。它客觀上要求我們將自己的內心世界，如情感體驗、思維方式等與對方聯繫起來，站在對方的立場上體驗和思考問題，從而與對方在情感上得到社交，為增進理解奠定基礎。它即是一種理解，也是一種關愛。

　　與人之間要互相理解，信任，並且要學會換位思考，這是人與人之間交往的基礎——互相寬容、理解，多去站在別人的角度上，多為他人考慮。

改變 人際交往術
百萬人命運的
Human communication can change everything

周哈里窗理論：自我暴露是社交的需要

　　美國著名社會心理學家約瑟夫和哈里提出了一個名為「周哈里窗」的理論。該理論認為，對每一個人來說，都存在著自己瞭解、別人也瞭解的「公共區域」，比如自己的身高、體重等，這些別人都可以知道，自己也可以告訴別人；別人瞭解，而自己卻不瞭解的「盲目區域」，比如一個人的口腔異味，別人知道，自己未必知道；還有僅僅自己瞭解，卻從不向別人透露的「祕密區域」，比如女士的年齡、男士的錢包，這是他人的祕密，不可輕易去打聽；再就是自己和別人都不瞭解的「求知區域」，這是一層自己不知道，別人更無法知道的未開發區域。這四個區域，就是「周哈里窗戶」。

　　一次，有位記者在大庭廣眾場合採訪世界壘球王史蒂夫‧加夫時，提問「你哭過嗎？」眾所周知，男子有淚不輕彈，何況是一個迷住千百萬觀眾的體育明星呢！壘球王作何回答呢？「哭過，」他說，「我覺得在某種場合掉眼淚更像個男子漢，因為這表現了你是個實實在在的人。」如此坦率地將自知而人不知的資訊暴露於眾，結果如何呢？觀眾們更加喜歡這個實實在在的壘球

王了。

　恰如其分地暴露弱點不僅不會損壞你的形象，還能使你的形象更加完美和動人。完美之人讓人仰慕，而有缺點的普通人更被人喜歡和接受。

　社會心理學家發現：良好的人際關係，是在人們自我暴露逐漸增加的過程中發展起來的。隨著我們對一個人的接納性和信任感越來越高，我們也會越來越多地暴露自我，同時我們也要求別人越來越多地暴露他們自己。

　自我暴露還應注意的問題：

1. 自我暴露應遵循對等原則

　當一個人的自我暴露與對方相當時，才能使對方產生好感。比對方暴露過多，則給對方以很大的威脅和壓力，對方會採取避而遠之的防衛態度。比對方暴露得過少，又顯得缺乏交流的誠意，交不到知心朋友。

2. 自我暴露應循序漸進

　自我暴露必須緩慢到相當溫和的程度，緩慢到足以使雙方都不感到驚訝的速度。如果過早地涉及太多的個人親密關係，反而會引起憂慮和不信任感，對方會認為你不穩重、不敢託付，從而拉大了雙方之間的心理距離。

3. 自我暴露不可強求

對於任何人，無論關係多麼親密，人們都有不願意暴露的領域。因此，我們沒有理由因為關係親密或者是情侶、夫妻、親子關係而要求對方完全敞開心扉，更不能任意侵犯對方所不願意暴露的領域。否則，對方會產生強烈的排斥情緒，從而導致對你的接納性大大降低。

4. 應分清場合、對象

有的人不分場合，不看對象，自以為坦率，把自己的一些私事在公眾場合公開，結果反而讓人輕看自己，得不到應有的尊重。一定要分場合、分對象，因時而異，因人而異。

自我暴露的程度，由淺到深，大致可分為4個水準。首先是情趣愛好方面，比如飲食習慣、興趣愛好、日常娛樂活動等。第二是態度，如對人和事物的看法和評價，比如某某人的做法你不太喜歡，或是公司的某項規章制度你覺得不妥等。第三是自我概念，或與他人的關係狀況，比如自己的自卑情緒、你和家人的關係等。第四是隱私方面，比如個人的感情經歷，個人不為社會接受的一些想法和行為等。

人際交往中，自我暴露到什麼程度合適呢？人們最喜歡那些和自己的自我暴露程度相當的人交往，因此，自我暴露的時候

要考慮到對象，也要掌握分寸，根據對方暴露的程度、對方的反應、你們之間的關係等來做自我暴露。

　　自我暴露也是人際交往的需要。自我暴露可增加個體被接納的程度，在待人處世方面，大概沒有一個人是不想討人喜歡的。

改變 人際交往術
百萬人命運的
Human communication can change everything

NO.5
萊斯托夫效應：讓個性成為對方記憶的焦點

　　什麼是萊斯托夫效應呢？不知大家有沒有過這樣的經歷：學習世界地理時要記住各國的形狀、位置等特徵很難，但我們往往對那些具有顯著特徵的國家的印象卻十分深刻？比如，義大利的形狀像一隻高筒皮靴和足球、法國的埃菲爾鐵塔、美國的自由女神像等。生活中這樣的例子不勝枚舉，其中的規律就是特殊事物更容易被人牢記。這就是心理學上著名的萊斯托夫效應。

　　心理學家指出，我們每一個人對於初次見面的陌生人的印象只會保持很短的時間。按照萊斯托夫效應的觀點，如果想要別人長時間記住自己，就必須巧妙地突出自己的個性和特色，讓自己最突出的個性成為對方記憶的焦點。

　　大凡成功人士都有其突出的個人魅力，這種魅力也即是他的個性，而他的個性又表現在他做人的態度、做事的風格上。他的言談舉止無不表現著他的個人魅力，表現著他的個人風格。

　　既然個性那麼重要，那麼我們要怎樣才能夠突出自己的個性呢？在與人交往中，我們應注意如下幾點：

1.用眼神突出自信

眼神是最能看出一個人是否自信的地方。自信的眼神應該是注視對方，面帶微笑，目光炯炯有神但不咄咄逼人。一旦讓自信的眼神成為你的招牌，那你必定會在人群中脫穎而出。

2.用語調突出從容

在很多人看來，從容的人讓人感覺很舒服。表現從容的最好方式就是處理好自己的語調。抑揚頓挫的語調、主次分明的說話方式往往會給對方留下深刻的印象。

3.適時展現才華

在與陌生人接觸的過程中，如果有機會展示自己的才能，就一定不要錯過。滿腹才華的你一定會讓對方在很長一段時間裡記憶猶新。

以上三點講的都是比較主流的、正式的突出自我個性的方法。相信肯定會有人問，如果我沒有那些特色，或者不明顯該怎麼辦？那就學會打造自己個性的特點吧。

特點可以製造嗎？當然可以。可能你很難迅速改變你的性格，讓自己馬上變得熱情、幽默、從容起來，但你可以改變你的外在，讓自己即刻閃亮起來。具體應做到以下幾點：

1. 在服飾上突出個性

在人際交往中，人們總是先看到一個人的長相、身材、服飾等，這些最容易進入人們的視線。這些東西中最容易改變的是服飾，最講究技巧的也是服飾。得體的衣著應和人本身的身材、年齡、性格相一致，同時也應和所出席的場合保持協調，在不出錯的基礎上再講究搭配的技巧。平時要多流覽一些時尚雜誌或網站，根據自己生活和工作的需要，有技巧地打扮自己，讓自己變得與眾不同。

2. 在妝容上顯示個性

有些女明星揚言不化妝絕不上鏡，這恰恰說明了一個好的妝容對女人的重要性。化妝最能突出女性的優勢，讓女人更加自信、更具魅力。同時，經過化妝修飾的皮膚和五官更能給對方美的享受，給其留下良好而深刻的印象。化妝關鍵在於能正確找出自己最吸引人的部位，然後透過化妝使自己變得更加迷人。

3. 讓表情生動起來

表情是人際交往中不可或缺的東西之一，人的喜怒哀樂往往都是透過表情來傳遞的。在和陌生人交往的過程中，相互間最關注的還是彼此的表情變化。如果想要別人對自己記憶深刻，一定要讓自己的表情生動起來，一定要多微笑，時不時流露出內心的

真實感覺，這會讓對方覺得你十分親切，並很有特點，從而對你留下深刻的印象。

　　在這個追逐個性和魅力的年代，平庸者註定被埋沒，想改變現狀並不難，有時候只需要恰到好處地閃那麼一次光。只要運用好上面的小技巧，我們每個人都可以成為人際交往中的焦點。

NO.6
親和效應：擁有親和力，會讓社交更迷人

心理學上的「親和效應」的主要含義是：人們在交際應酬裡，往往會因為彼此間存在著某種共同之處或近似之處，從而感到相互之間更加容易接近。而這種相互接近，通常又會使交往對象之間萌生親切感，並且更加相互接近，相互體諒。大家與和自己狀態近似的人，性格、習性、講究、打扮、語言、交談內容相近的人，容易產生共鳴！

有這麼一則逸聞，說的是英國女王維多利亞有一次和丈夫亞爾伯特發生了激烈的口角，亞爾伯特一氣之下跑進了臥室，把房門緊緊地關了起來。女王很懊悔，有心和丈夫重歸於好，可是敲了幾次門，丈夫都不肯開門。原來每當亞爾伯特問是誰敲門時，維多利亞的回答都是「英國女王」，亞爾伯特一聽，心裡就大不受用：這不是說你的地位要比我高得多嗎？好在女王是個聰明人，她想了一會，明白了丈夫的心思。這一回，當她再去敲丈夫的房門，丈夫又冷冷地問是「誰」時，女王深情回答：「是你的維多利亞！」——果然，門打開了，亞爾伯特滿臉溫和地笑著，伸出雙手，出現在女王面前……

兩種不同的回答，其結果竟然如此不同。對丈夫自稱「英國女王」，這完全是一副公事公辦的口吻，並且包含著「我的地位要比你高得多」的意思，必然拉大夫妻雙方之間的心理距離，傷害了丈夫的自尊心，維多利亞又怎麼能不吃「閉門羹」呢！與此相反，對丈夫自稱「你的維多利亞」，那是多麼深厚的一種夫妻依戀之情！正是這樣一種深厚的夫妻依戀之情，使得兩顆遠離的心又緊緊地靠在了一起。聽到了這種親切的回答，丈夫的自尊心自然得到滿足，怎麼還忍心將妻子拒之門外呢！

在人們日常的語言交際中，如果一個人總有意或無意地顯得自己高人一籌，往往就會和他人缺乏共同語言，難以和他人親近。因為每個人都有自尊心，如果你在別人面前顯示的優勢太多，給人的印象過分強烈，使人在你面前總覺得相形見絀。即使別人沒有因此而導致對你的不滿和反感，也難免會給別人造成難以承受的心理壓力，使別人覺得你可敬而不可親，從而降低了他人和你進一步交往的意願。

1964年，68歲高齡的士光敏夫就任東芝董事長，他經常不帶祕書，獨自一人巡視工廠，遍訪東芝設在日本各地的三十多家企業。身為一個公司的董事長，親自步行到工廠已經非同小可，更妙的是他常常提著一瓶一升的日本清酒去慰勞員工，跟他們共飲。這種與員工共飲的行為，經常讓員工們有點不知所措。

沒有人會想到，身為大公司董事長，會親自提著笨重的清酒

來跟他們一起喝。因此工人們讚賞地稱他為「捏著酒瓶子的大老闆」。

士光敏夫平易近人的低姿態使他和員工建立了深厚的感情。即使是星期天，他也會到工廠轉轉，無論哪種人，他都喜歡和他們親切交談。透過對基層群眾的直接調查，不僅得到了更多的寶貴資料，而且還獲得了許多有價值的建議，更重要的是贏得了員工的好感和信任。

親和力像一劑靈丹妙藥，能迅速拉近你和別人之間的關係，沒有隔閡，有的只是相互喜愛。這種親和力，既是情感的源泉，同時也是社交的動力。

用自己的親和力去感染別人，是最容易與人建立良好關係的。我們生活在這個世界上，一生中可能會擔當各種角色，無論是作為管理人員，還是銷售人員，或是研究工作者，只要你需要與別人打交道，就應懂得親和力在人際交往中的重要作用。

阿倫森效應：完美的人不如有缺點的人可愛

生活中有一些看起來各方面都比較完美的人。但是這樣的人往往不太討人喜歡。而討人喜歡的，卻往往是那些雖然有優點，但也有一些明顯缺點的人。

為什麼會這樣呢？這是因為一般人與完美無缺點的人交往時，總難免因為自己不如對方而有點自卑。如果發現精明人也和自己一樣有缺點，就會減輕自己的自卑，感到安全，也就更願意與之交往。你想，誰會願意和那些容易讓自己感到自卑的人交往呢？所以不太完美的人更容易讓人覺得可親、可愛。

美國心理學阿倫森發現，一個能力非凡而又完美無缺的人的吸引力，還不如一個能力非凡但身上卻有著常人的缺點的人強。這恐怕是人們認為太完美反而缺失人情味，倒不如有個性稜角、有小毛病的人更貼近人性。

人本來就是活生生的、有血有肉、有個性稜角的個體。那種十全十美、不食人間煙火的人，與現實生活嚴重脫節，根本就不可信，實際上，真正的「高、大、全」，本質上往往是「假、大、空」。

追求完美的人，一定活得比一般人更累，而且與他們生活在

一起或合作的人，也容易因為被他們要求，而活得比較累。

有一位女生，具有高等學歷，容貌很漂亮，事業上也有成就。她在各方面都對自己要求嚴格，在很多人眼裡，可以說是一位相當完美的人。當然她在擇偶方面的標準也相當高，稍有缺點的就看不上，覺得配不上自己。她覺得婚姻是終身大事，不能馬虎，寧可等著，也不能將就。結果，抱著這樣的觀念，一晃四十了，還是孑然一身。她自己感到很奇怪，像她條件這樣好的人，為什麼就不能被好男人發現呢？

其實她不知道，也許正是她的「完美」把許多男士嚇著了。每個人固然希望自己的對象具有較多的優點，可是如果這個人真的完美，卻也讓人受不了。首先會怕自己配不上對方；其次，因為對方要求高，你稍有缺點，他（她）就要求你改正，你肯定會活得很緊張、很累。如果讓人們選擇是活得累而完美，還是活得輕鬆而有缺陷，恐怕大多數人會選擇後者。因為我們都知道自己不是神仙，我們認可自己的缺點。

世上沒有完美的人，誰都有缺點，起碼在別人眼中你是不完美的人，假如真有完美的人，在現實生活中是個另類，也會不被別人接受。

在社會交往中，不要要求自己盡善盡美，更不要一味去要求別人做到完美，那樣根本就交不到什麼朋友了！

投射效應：一分為二地對待別人

　　妻子逛街時，喜歡上一款男士西裝，便自作主張給丈夫買回來，但丈夫一次沒穿過，他們為此爭執起來。

　　情侶正在準備外出旅遊，女人對普吉島情有獨鍾，便私自定了飛機票，當女人帶著驚喜把飛機票交給男人時，男人卻說「香港也不錯」，結果兩個人哪兒也沒去成。

　　年輕的下屬喜歡露天舞會，便建議年長的老闆將舞會選擇在戶外進行，老闆卻搖搖頭；

　　母親認為孩子應該好好學習，便要求孩子不能出去玩耍，但孩子仍然不用功，在家玩。

　　……

　　為什麼會出現這樣的現象？心理學上認為，這是錯誤投射起到的負面影響力。也就是說，生活中只有正確的投射，才能顯示出有效的影響力。

　　投射效應是指將自己的特點歸因到其他人身上的傾向，是指以己度人，認為自己具有某種特性，他人也一定會有與自己相同的特性，把自己的感情、意志、特性投射到他人身上並強加於人

的一種認知障礙。比如，一個心地善良的人會以為別人都是善良的；一個經常算計別人的人就會覺得別人也在算計他，等等。

投射是雙向的，當你在評價對方的同時，對方也在內心評價你。當對方覺得你很優秀或者對自己有威脅時，會不自覺地將他自己具有的而自己不喜歡或不能接受的那些性格和態度等投射到你的身上，即說你有這種性格或惡念。其實，這是對方的一種防禦心理。只要能夠消除他這種防禦心理，問題就迎刃而解了。

1. 理解別人

有時當面對自己的缺點或者遇到不稱心的事情時，你會感覺到不安，除非周圍的人和你有一樣的缺點，或者同樣不稱心，你的心態才會得到好轉。所以，有時候人們喜歡把自己的缺點轉移到別人身上，在無意識中減輕自己的不安與內疚，並維護自己的尊嚴與安全感。因此，當你遇到別人錯誤的投射時，你首先要理解對方。

2. 放低姿態

當對方各方面的條件與自己相仿時，如年齡、性別、學歷等，就會產生一種「試比高低」的衝動或欲望。因此，當你遇到和你條件相似的陌生人時，一旦發現他有和你比高低的意圖，你就要放低姿態，不時讚美他，讓對方的心態逐漸平和下來。但應

注意的是，放低姿態不等於讓你丟掉自尊，要把握好分寸。

3. 揣情、摩意

在與人交往時，應透過投射效應，經過認真揣摩去印證。這樣不致被其外在的行為表現所蒙蔽或誤導，而導致我們錯誤地以自己的想法投射他人。

這些方法能幫助我們理解對方，找到契合點，更重要的是，還有助於認清自我，為避免自己的投射效應對別人產生誤解。

如果我們把自己的屬性投射給他人，用主觀的眼光去看待他人，就很難用平常心與對方交往。為避免自己對別人產生投射效應，我們需要注意以下幾點：

1. 客觀地認識自己

客觀看待人和事是一種很高的智慧，我們至少要學會分清自己和他人，做到嚴於律己，寬以待人，盡量避免以自己的標準去衡量他人。

2. 多角度思考問題

站在對方的立場和角度來看問題，避免單方面地將自己的特性、喜好投射給別人，認為他人具有與我們相同的特性與喜好。

在與人交往的過程中，應重視「投射效應」對交往的影響。

當你摘掉有色眼鏡，你會發現對方也有很多值得讚賞的優點呢。

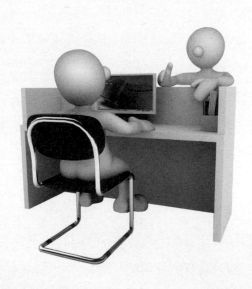

超級社交法則：
十大百試百靈
的人際定律

相知相惜定律：投其所好，尋找共同點

　　心理學上的相知相惜定律，是指如果交往雙方有較多類似的地方，相互之間就比較容易吸引，能促進雙方關係的發展。也就是我們常說的「物以類聚、人以群分」。人們之所以喜歡跟自己相似的人在一起，並產生相惜之情，就是因為相似的人，更容易有共同語言，相互之間發生爭辯的機會比較少，更容易獲得彼此的支持，彼此內心也容易產生穩定感。

　　因此，如果找到對方與我們相似的地方，就容易讓對方對自己產生好感。但實際上，很多時候，我們都不能善用機會，投其所好地找出話題。其後果就是反其所好，招來對方的厭惡，給自己帶來麻煩。

　　那麼，我們怎樣才能真正投其所好呢？例如多附和對方，適當回應「是的」，都會獲得對方好感。同時，我們還要從深處掌握投其所好的一些技巧。

1. 利用相悅心理投其所好

　　相悅心理就是讓人從內心裡喜歡你。投其所好就是要利用這

種心理表現出對方喜歡的行為，說出對方喜歡的話。正如德國作家雷曼麥說：「任何人對順耳的話都是容易接受。說幾句讓人感到舒服的話能收到奇功異效。」

2. 投以對方最需要的東西

投以對方最需要的東西，就要真正瞭解對方的需要，做到有的放矢。投其所好，就是使人們的內在需要與外在行為達成一致，這樣才能有效。所以說「雪中送炭」比「雨後送傘」更受歡迎。

3. 創造投其所好的條件

投其所好既要針對對方的需要，又不能僅僅為對方的需要為準則，還要創造條件，對對方的動機、興趣、愛好、期待等有意識地引導和啟發，找到雙方的共同點，發揮相知相惜定律的作用。

我們不難從上述技巧中發現，要真正做到投其所好，要解決的關鍵問題就是先找到雙方之間的共同點。那麼，怎樣才能找到自己跟陌生人間的共同點呢？

要想找到雙方的共同點，你就要用眼、用心去收集更多的資訊，並運用一定的智慧去掌控它。

1. 細心觀察，尋找共同點

　　一個人的表情、談吐、舉止、服飾往往能反映其心理狀態、精神追求、生活愛好等，只要你善於觀察，就會發現與對方之間的共同點。

　　一位退伍軍人與一個陌生人在長途客車上相遇，他們的位置都在駕駛員背後，雙方彼此無言。不料，車開到半路就拋錨了，駕駛員忙了一陣子還是沒有修好。退伍軍人正打算開口，這位陌生人搶先一步建議駕駛員把油路再檢查一遍，駕駛員將信將疑地去檢查了下油路，果然找到了病因。這位退伍軍人感到對方這絕活可能是從部隊學來的，於是試探問：「你在部隊待過吧？」「嗯，待了六七年。」「噢，算來我們倆還應算是戰友呢。你當兵時部隊在哪裡？」於是這一對陌生人就談了起來，後來他們還成了朋友。

　　如果不是透過悉心觀察推斷，退伍軍人無法發現彼此都當過兵這個共同點，他們也就無法成為朋友了。

2. 以話試探，偵察共同點

　　與陌生人交往，為找到共同點，可以透過打招呼開場，詢問對方籍貫、職業等問題，從中獲取資訊；或者透過聽對方的說話口音、言辭，偵察對方情況；最後，還可以用動作開場，邊幫對方做某些急需幫助的事邊說話邊試探等。以此發現對方特點，找

到共同點。

3. 聽人介紹,猜測共同點

當朋友向你介紹他的朋友或客人時,你應在聽介紹時仔細地分析,發現共同點後再在交往及談話中延伸,不斷地發現新的共同關心的話題。例如從對方與主人的關係、各自的身分、工作單位,甚至個性特點、愛好等,找到共同點。

4. 揣摩談話,摸索共同點

尋找共同點,可以透過留心分析、揣摩這個人跟別人的談話,也可以在對方和自己交談時揣摩對方的話語,從中發現共同點。

有時發現共同點很簡單,隨著交談內容的深入,共同點會越來越多。為了使雙方的談話更有益於對方,必須一步步地挖掘深一層的共同點。

情緒轉移定律：掌握情緒才真正掌握了自我

你有沒有想過你的情緒就像傳染病一樣，是可以傳染的？事實上，情緒確實會透過你的姿態、表情、語言傳達給別人一些資訊，並且在不知不覺中感染到對方——這就是心理學上說的情緒效應。我們不妨看看心理學家的驗證：

美國洛杉磯大學醫學院的心理學家加利‧斯梅爾做了一個試驗，他將一個樂觀開朗的人和一個整天愁眉苦臉、抑鬱難解的人放在一起，不到半個小時，這個樂觀的人也變得鬱鬱寡歡起來。加利‧斯梅爾隨後又做了一系列試驗，證明只要20分鐘，一個人就可以受到他人低落情緒的傳染，一個人的敏感性和同情心越強，越容易感染上壞情緒，這種傳染過程是在不知不覺中完成的。

人是感情動物，當然逃不過情緒的波動。但若讓情緒控制了你，而非你控制它，就會讓你與理智隔離，犯下不應該犯的錯誤。在當今社會巨大的競爭壓力面前，我們更應該學會控制自己的情緒，在每一次情緒要占據你的時候，學會抑制，學會調節，才能少犯情緒化的錯誤，才能在競爭中處於不敗之地。

1980年在美國總統大選期間，雷根和競選對手卡特的競爭進入了白熱化階段。在一次關鍵的電視辯論，面對卡特對他在當演員時期的生活作風問題發起的蓄意攻擊，絲毫沒有著急和憤怒的表現，只是微微一笑，詼諧調侃地說：「你又來這一套了。」一時間引得聽眾哈哈大笑，反而把卡特推入尷尬境地，從而為自己贏得了更多選民的信賴和支持，並最終獲得了大選的勝利。

　　雷根面對卡特的挑釁，控制了自己的憤怒情緒，沒有正面與卡特爭執，不僅表現了一種老闆人應有的胸懷，還贏得了選民的支持。

　　在社交活動中，人可能遇到各種各樣的情況，面對不同的情況，情緒會有很大的波動，不善於控制情緒，就會使社交失敗。不能控制情緒的人，給人的印象就是不成熟，還沒長大。要知道，只有小孩子才會說哭就哭，說笑就笑，說生氣就生氣，這種行為發生在小孩身上，大人會說是天真爛漫，但發生在成年人身上，人們就不免對這個人的人格發展感到懷疑了，就算不當你是神經病，至少也會認為你還沒長大。如果你還年輕，則尚無多大關係，如果已經做過好幾年事，或是已經過了30歲，那麼別人會對你失去信心，因為別人除了認為你「還沒長大」之外，也會認為你沒有控制情緒的能力，這樣的人，一遇不順就哭，一不高興就生氣，怎可能成就大事。

　　在社交中控制情緒是很重要的一件事，你不必「喜怒不形於

色」，讓人覺得陰沉不可捉摸，但情緒的表現絕不可過度，尤其是哭和生氣。如果你是個不易控制這兩種情緒的人，不如在事情發生，引起了你的情緒時，趕快離開現場，讓情緒過了再回來，如果沒有地方可暫時「躲避」，那就深呼吸，不要說話，這一招對克制生氣特別有效。一般來說，年紀越大，越能控制情緒，那麼你將在別人心目中呈現「沉穩、可信賴」的形象，雖然不一定能因此獲得重用，或在事業上有立即的幫助，但總比不能控制情緒的人好。

　　請牢記：

1. 你有能力控制自己想些什麼，每時每刻，每天每日。
2. 你有能力創造出一個想像的前景和實現它們的正確途徑。
3. 你有能力去接近一個超出自我意識之外的資訊源泉。
4. 你有能力從你的生活中消除一切消極的思想和情緒。
5. 你有能力去扮演想成為的角色，也有能力去獲得想具備的能力和性格。

　　在眾多調整情緒的方法中，你可以先學一下「情緒轉移法」，即暫時避開不良刺激，把注意力、精力和興趣投入到另一項活動中去，以減輕不良情緒對自己的衝擊。我們應該相信我們的大腦完全有能力控制自己的情緒，以及生活。

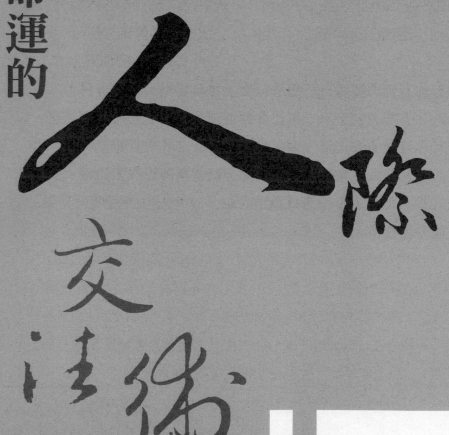

Human
communicatior
can
change
everything

改變
百萬人命運的

人際
交流術

有收有放：讓下屬與你站在一起

老闆是權力的擁有者，在有些場合，出於工作需要，確實可以強調自己的身分、地位，以利於充分發揮權力的職能作用。但是，老闆不能因為自己擁有一定的權力就覺得高人一等，處處以嚴肅的面孔出現，給人以居高臨下的感覺，這樣你的下屬就會覺得你面目可憎，從而不願接近你，你也就難以與下屬建立融洽的上下級關係。

真正有經驗、有修養的老闆，都能夠平易近人，與下屬平等相處，只有這樣，才能贏得下屬的真心擁護和愛戴，才能真正樹立自己的威信。

NO.11

不要獨享榮譽

　　銷售主管李俊峰這個月的業績很好，他手下的業務員談成的生意總額超出同級部門兩倍還要多。按照公司的管理制度，主管會按照業績抽成，李俊峰得到一筆數目不小的獎金。老闆很高興有這樣一位得力的助手，慶幸自己沒有看錯人，決定在公司的例會上把李俊峰推為模範，以此激勵其他員工，於是特意安排這位主管作演講。

　　李俊峰在他的講話中把自己的業績歸功於自己調配人員的技巧、處理大訂單的果斷和聰明以及他如何辛苦加班。他說的這些確實很對，可以說沒有絲毫的誇張，他一直也都是這麼做的。整場報告李俊峰坦然地接受員工對他的祝賀和老闆對他的表揚。從始至終，他沒有對老闆的信任表示感謝，更沒有提及同級部門的合作和下屬的努力。

　　下屬和同事們開玩笑要他請客，慶祝一番的時候，李俊峰卻一本正經地說：「我得獎金，你們用得著這麼起勁嗎？下次我會拿更多，到時再考慮考慮。」

　　可是到了下個月，李俊峰不僅沒有拿到獎金，還因為沒有完

成銷售任務被扣掉了當月獎金。可悲的是，李俊峰沒有注意到下屬越來越懶散，老闆也開始故意為難他了。

在職場，獨享榮譽是一個最容易讓別人胸懷不滿、心生恨意的不良習慣。試想一下，一大群人或平起平坐，或不分上下，你一個人把一頂漂亮得惹人眼紅的帽子戴上了，相形之下，別人就矮了，就顯得黯淡無光了。漸漸地，你的存在對別人會構成一種威脅，雖然你並沒有做任何傷害別人的事。但有誰會喜歡受到別人的脅迫呢？有誰願意和一個沒有安全感的人相處呢？自然而然，獨自享有榮譽的人最終會變成孤家寡人，又何談受人歡迎與愛戴呢？

如果你謹記這個忠告，相信你會受益匪淺。工作有了業績，或者你升職了，加薪了，都不妨和同事們慶祝一番，對老闆說聲「謝謝」，對下屬的配合與支持表示感恩。如果你真正這樣做了，相信你驚奇地發現：你身邊的人願意扶持著你走向更高的地方，他們期待著，仰望著你的高度，而不是嫉妒和冷眼旁觀。

心理學上有個互惠定律，說的就是你對別人好，別人也會回饋你的道理。和下屬相處亦是如此，當你主動把「高帽子」饋贈給了身邊人，他們反而會畢恭畢敬地為你戴上，你感謝大家幫助你獲得了榮譽，他們也會感謝你，感謝你注意到了他。

事情就是這麼簡單，當你獨自頂著「高帽子」孤芳自賞的時

候，似乎身邊的人都想奪取你的「桂冠」。當你把「高帽子」摘下來和大家一起欣賞時，大家反而會異口同聲地建議欣賞光環籠罩中的你。

敢說「一切責任在我」

　　試想有一天你不幸闖了大禍，如驚弓之鳥般向老闆報告之後，憂心忡忡地挨到第二天，坐到了那個如同「公審大會」的會場上「聽候發落」的時候。老闆眾目睽睽之下擲地有聲地來了句：「一切責任在我！」那該是何種心境？下屬及群眾對一個老闆的評價，往往決定於他是否能承擔，是否有責任感。

　　但事實上，要聲明「一切責任在我」並不容易，大多數老闆在處理下屬乃至自己本人的失誤和錯事的時候，總是想提出各種理由為自己開脫，唯恐遭到連累，引火焚身。殊不知既是他人的「老闆」，那麼下屬犯錯，即等於是自己的錯，起碼是犯了監督不力和委託非人的錯誤。何況老闆的責任之一，就是教導下屬如何做事。

　　那種不分青紅皂白，無論下屬的過錯是否與自己有關都大發雷霆，不時強調「我早就告訴你要如何如何」或「我哪裡管得了那麼多」之類言語的老闆們，不僅使下屬更不敢於正視問題，不再感到絲毫內疚，而且避免不了日後同這種老闆大鬧情緒，甚至永遠不可能再擁戴他。

還有，一味埋怨下屬，推卸責任的老闆，也只會令更高級別的老闆反感。所以說，一方面與下屬一起承認錯誤，表現出應有的風度；另一方面，即使有諸多理不清的是非，也應站在下屬一邊。替下屬承擔的老闆，也是最會收攬人心、最有人緣的老闆。

當然，替下屬承擔責任，替罪擋駕也不應是毫無原則的。比如，我們遇到以下這種情況：

一位客戶向商店老闆投訴，某位售貨員十分無禮，毫無責任感，請他給個公道。那麼如果你是那位老闆，你要做的便是：立刻替下屬道歉：「對不起，她平時的表現不是這樣，這兩天心情不太好。保證以後不再有同樣的事情發生。請多多包涵。」要知道，下屬做事不力，任何一個老闆都是有責任的。

但責任歸責任，平息了「外患」之後，事情卻不能就此了結。但是把那個售貨員叫來痛罵一番絕不是明智之舉，而應首先問清楚事情的來龍去脈，然後瞭解一下她平時是否也經常遭到客戶投訴？是否一向暴躁、無禮。如果答案是否定的，那麼也許是因為這位客戶太咄咄逼人，或是她真的偶爾情緒欠佳，那倒不妨提醒、安慰一下。即便想不了了之，也是未嘗不可。相反，如果客戶投訴完全屬實，這名售貨員也的確經常得罪客戶，那麼就再也不能總是替她承擔責任，而不加問罪。

總之，並非只在「大禍臨頭」的緊急關頭才能考驗一個人的勇氣。一個老闆是否得人心的最好證明往往會在替下屬承擔責

任、為下屬保全面子、開脫罪過等這些小事上表現出來。

　　背靠大樹好乘涼，誰都想找一位能為自己撐起一片陰涼，給自己一片光明前途和好日子的老闆，帶領自己在人生中打拼。那些遇事不與同事站在一列，而是先棄船而逃的人，註定無人追隨，無法成就大事。

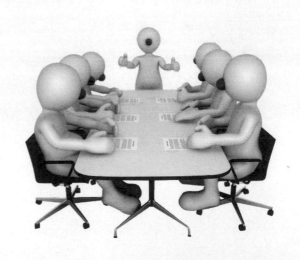

改變 人際交往術
百萬人命運的
Human communication can change everything

老闆需時刻約束自己的言行舉止

　　做人老闆更應該時刻注意約束自己的言行、舉止，謙虛處世，坦誠待人。如果一位老闆不能謹言慎行，難免就會橫生枝節。古語講「論言如汗」，所謂的論言指老闆所說的話，汗指說出的話絕無挽回的餘地，就像身體流出的汗一樣，一旦流出來了，就不可能再回到體內。正因如此，老闆實在不得不謹言慎行。

　　從前，當周公的兒子伯禽受封為魯國國王時，周公曾告誡他：「我身為宰相，碰到有人來訪時，即使是正在進餐也得趕緊中斷，儘量不要對客人太失禮。儘管如此，仍然擔心有不周到的地方，或是疏忽了優秀的人才。現在你到魯國去，雖然身為一國之君，也絕不能有任何驕傲失禮的地方。」這種謙虛的態度對於一個老闆來說十分重要。

　　的確，身為老闆不能有戲言，因為他的每一句話都會對部下產生巨大的影響，甚至會影響一件事情的結局。態度謙虛，言行謹慎，不但是身為老闆修養的重要方面，也是個人修養的一方面。

有成效的老闆善於控制自己的情感，掌握自己的心境，約束自己的言行。他們無論受到什麼刺激，都能保持沉著、冷靜，而不產生衝動行為。必要時能節制自己的需要，忍受身心的苦痛和不幸，克制自己各種消極情緒，表現出高度的耐受性、紀律性、組織性。在待人接物上表現為忍讓克己。但是，有些不成熟的老闆或易衝動的人，往往不能控制自己的情感和行為，遇到某種刺激，易於興奮，易於激動；處理問題冒失、輕率，好意氣用事，不顧後果。

　　《論語》中指出：「其身正，不令而行；其身不正，雖令不從。」也就是說，只要自己的行為端正，就算不下任何命令，部下也會遵從，如果自己的行為不端正，那麼無論制定什麼政策規章。部下也不會遵從的。

　　這個原則無論何時，都是老闆必須牢記在心的。因為老闆的一舉一動都受到部下的注意，在這種情形之下，如果能以適宜的態度或行動出現在部下面前，就會立刻影響到部下的士氣，如此一來，組織就會更加牢固。

　　如果想做一個平庸的老闆，也許這種自我節制並不十分重要。但是若想成為一個傑出的老闆，就必須要借著堅強的意志力，來貫徹自我節制的決心。這個原則不僅是在公的方面，即使在個人生活中也是不可或缺的。

尊重並引導下屬的興趣

　　興趣是一個人能動地從事某一種活動並可能獲得成功的重要心理前提。一個人事業心強不強在很大程度上取決於對事業的興趣如何。對所從事的工作興趣濃厚，就會極大地增強事業心。興趣效應法是指老闆在用人時，必須考慮人的興趣這一心理因素，使人才從事符合心願的工作，從而讓興趣發揮出最佳的效應性能。正確對待下屬的個人興趣，是老闆用人的一個重要方面。

　　在日常生活中，只要稍加留心，我們就會發現，老闆的眾多下屬，每個人都有自己的個人興趣。老闆，應當怎樣看待這個問題呢？首先，我們應該明白，這是一種必然的、正常的現象。客觀事物的千差萬別，決定了人的興趣必然是千奇百怪的。每個人的生長環境、教育程度、心理素質各有不同，興趣也就迥然各異。其次，應當認識到，這些興趣的存在，是應該被允許的、合理的。好的老闆不僅不應扼殺人的個性和愛好，而且要鼓勵一切有益的興趣得到發展。

　　那麼，在日常老闆工作中，應當如何處理好這個問題，以便更好地提高人的積極性，推進事業的發展呢？

1. 要用心發現下屬的興趣

從一個人的興趣往往可以窺見一個人的思想、氣質和用心所在，可以發現一個人的潛力和才幹，這無疑為老闆知人善任提供了極好的資訊。所以，每一個老闆都要與下屬融洽相處，細心觀察和發現下屬的興趣，以作為考察和發現人才、培養和使用人才的重要依據。

2. 幫助下屬調整興趣

世上一切事物都處於發展變化之中，個人的興趣也不是一成不變的，總是隨著客觀需要和個人條件的變化而變化，這就是人們常說的「興趣轉移」。這種轉移並非都是壞事，有些順應歷史潮流和需要的「興趣轉移」應當給予肯定和鼓勵。老闆就是要善於在客觀需要發生變化的情況下，根據下屬的各方面條件，滿腔熱情地幫助下屬把興趣調整到更合適、更需要、更能發揮能力的方面去，並為其新的興趣創造適宜的土壤和有利的環境。

3. 積極培養下屬的興趣

老闆雖然有責任把每個人都安排在最適宜其施展才能的崗位上，但由於工作需要和客觀條件的限制，並不能使每個人的興趣都得到滿足，有時甚至完全相悖。在這種情況下，簡單生硬地強調「個人服從組織」，搞強迫命令，顯然是下策。上策是對下屬

改變 人際交往術
百萬人命運的
Human communication can change everything

說明情況，曉之以理，使下屬心情舒暢，自覺以大局為重，服從事業發展的需要，還應當想些辦法，培養他對新崗位的感情，為使其勝任新的工作提供方便，創造條件。

很多時候，員工的個人興趣或專業興趣與工作需要可能是不一致的，但只要他們的興趣正當，作為老闆就不應干涉，甚至還應該對其加以鼓勵。不要總是擔心員工的個人興趣會影響工作，也不要去擔心什麼下屬水準提高了，會不會就跳槽呀？

其實作為員工，除了希望自己的工資待遇不斷提高之外，更希望自己其他各方面的水準都能得到不斷提高。相反，如果他們覺得跟著你除了工作掙一份錢外，學不到其他更有益的東西，他們倒很可能放棄暫時的高薪而另謀發展。所以說，鼓勵下屬正當的興趣不但是有利於下屬的一件事情，而且也是有利於自己的老闆和有利於工作發展的好事。

即使是對一些你認為不應鼓勵的興趣，也不要隨便地橫加阻攔或制止，而應是儘量加以說服和引導。

學會傾聽下屬的心聲

想獲得駕馭人的卓越能力，其中最快捷、最容易的方法之一就是運用用同情的心理，豎起耳朵傾聽下屬的談話。要成為一個好的聽眾，你必須做到以下幾點：

1. 要學會什麼都能聽得進去

當你聚精會神聽一個人講話的時候，你必須得把你自己的興趣放到一邊，把你自己的好惡隱藏起來，不要表現出任何偏見，至少暫時需要這樣。在聽人講話的幾分鐘時間裡，你必須將自己的注意力百分之百地集中到對方身上，細心傾聽他所說的每一句話，你能夠做到這一點，也必須做到這一點。

2. 完全忘掉自己

如果你想獲得卓越的駕馭人的能力，必須訓練自己的意識，將強調自己的習慣向後移動一下，你必須暫時放棄想把自己放在一個眾人矚目的位置上的想法，而要讓別人占據一會兒那個位置。要讓員工多講話，自己去耐心傾聽，這樣才能對症下藥，更

好地理解和引導員工。

3. 要有耐心

有耐心也不是一件很容易的事，尤其是在你有急事要辦，可是某個人非要告訴你一些無關痛癢的事情的時候，更不容易耐住性子。有的時候，他簡直把你逼得走投無路，你恨不得他趕快把話說完，但每次聽完之後，你都要大大誇獎他一番，因為他的建議正確又合乎邏輯。當然，偶爾你也不得不聽一些廢話。但與那些好生意相比，這是微不足道的！

4. 聽懂下屬的弦外之音

在有些情況下，你從下屬的言談中學不到多少東西，但從他的所作所為中卻能收穫頗多。這就要求你學會聽言外之意、弦外之音。說話者畢竟並不總是怎麼想就怎麼說的。你不僅要觀察他說話的聲調的變化，還要觀察他音量的變化。這時，你就常常會發現，他的意思正好與他說的話相反，你要注意他的面部表情、他的儀態、他的姿態，以及他雙手的動作，乃至全身的動作。要成為一個優秀的聽眾，不僅需要你張開耳朵，還需睜開眼睛。

5. 作出正面、清晰的回覆

員工對公司有抱怨、不滿，有利益摩擦，老闆應當充分重

視。首先你要查明原因。如果員工對薪資制度有抱怨，可能是因為公司薪資在同業中整體水準偏低或某些職位薪資不盡合理。經理人要找到員工抱怨的原因，最好聽一聽他的意見。傾聽不但表示對投訴者的尊重，也是發現抱怨原因的最佳方法。對於員工的抱怨應當做出正面、清晰的回覆，切不可拐彎抹角，含含糊糊。

鍛鍊耐性傾聽的最好方法就是不批評人，不急於下斷語，不管你怎樣忙都不能這樣。在你發表看法之前，最好是冷靜地思考一番，尤其是那些可能毀壞對方的自我意識、尊嚴和自尊心的事情，就更不能輕易下斷言。無用的批評從來都不是取得駕馭別人的卓越能力的方法。

和下屬說話時要把握好語氣

　　我們每天都要說話，由於工作的性質，說話更是老闆每天必不可少的工作需要。說話是人們交流資訊、傳情達意的一個重要手段。其所表達的意義是透過人們對其發音器官的有意識控制和使用而表現出來的。這種控制和使用的一個重要對象便是說話的聲和氣。

　　根據語音學中音素、音位的原理和人們說話時用聲用氣的心理狀態及規律，我們可以把聲和氣通俗地分為以下10種類型，老闆可根據不同情景加以靈活運用：

1. 和聲細氣

　　這種聲和氣宛如柔和的月光和涓涓的泉水，由人心底流出，輕鬆自然，和藹親切，不緊不慢，能給聽者以舒適、安逸、細膩、親密、友好、溫馨的感覺。老闆在向下屬請求、詢問、安慰、陳述意見時常使用這種聲和氣，如果運用恰當，會具有一種特殊的管理魅力。

2.輕聲小氣

它可以表現說話者的尊敬、謙恭、謹慎和文雅。老闆在和下屬講話時，使用它可以縮短與下屬之間的感情距離、密切雙方之間的關係，有時還能避免一些可能會招致的麻煩。當然，用它來公開堅持自己的意見、反駁下屬、維護尊嚴或表示強調是不可取的。

3.大聲吼氣

大聲吼氣可以表現出老闆的英勇精神、堅強意志和剛毅決心。此外，它還可以表現出老闆威脅、指責、氣怒、宣洩等意思，並能起到強化意識、渲染氣氛、深化表現力度等作用。

4.高聲大氣

這是一種老闆用來召喚、鼓動、說理、強調和表達自己激動心情的聲和氣。它可以表現出老闆的激情和粗獷豪放的氣質。雖然它和大聲吼氣都屬於高音訊和高調值，但是，它和大聲吼氣有所不同，它通常用來表示極度的歡喜或慷慨激昂的情緒。

5.粗聲粗氣

日常工作中，老闆難免會遇到一些麻煩或苦惱。於是，粗聲粗氣地說它一通便成了一種自我排憂解愁的好方法。不過，聽者往往習慣把粗聲粗氣與指責、反駁、訓斥、頂撞、反感、抱怨內

涵聯繫在一起。因此，使用這種聲和氣時，應謹慎小心。

6.惡聲惡氣

身為老闆，手下難免會有心術不正的下屬，用惡聲惡氣來鞭笞這些醜惡的下屬，可以起到警告、制止等作用。此外，它還可以宣洩老闆的不滿和憤怒等情感。

7.冷氣冷氣

由於某種特殊的原因，老闆有時不能或不便用惡聲惡氣來公開而又強烈地表示自己的意圖和情感。於是，冷聲冷氣便可代替惡聲惡氣，而成為老闆的一種「冷戰」的方法。它除了可以間接地表示惡聲惡氣所表示的意思外，還可以表不討厭、譏諷、挖苦、不願意、不贊成等意思。

8.怪聲怪氣

人們習慣把自己所憎惡或討厭的人在說話時所使用的聲和氣看做怪聲怪氣。因而，這種聲和氣常含貶義。不過，在有些場合，老闆借機模仿自己所憎惡或討厭的人的怪聲怪氣，則能表示說話者蔑視、憎惡等意思和起到挖苦、嘲諷等作用。

9. 唉聲歎氣

　　人生並非如同夢幻的仙境，生活也並非總是充滿著陽光，人們不時會遇到一些憂心苦悶、不快或自己力所不能及的事情，老闆也是如此。有時，老闆可以借用唉聲歎氣可以發洩自己的內心苦悶和表示因自己無法改變而感到抱歉、追悔和內疚。在某些特定的情況下，對某些背景特殊的人唉聲歎氣和輔之以笑容的話，可以解決一些管理上的難題。

10. 屏聲屏氣

　　由於某種特殊的原因，老闆無意識地暫時抑止聲和氣，或者有意識地閉住聲和氣，這樣往往能產生或製造某種設想的說話效果。比如：吸引、被吸引、尊敬、謹慎等。

　　除上述以外，常見的聲和氣還包括：歡聲喜氣、屏聲靜氣，等等。不同的聲和氣表達著不同的意思。因此，我們說話時，不僅要注重遣字用詞，而更應該要選用恰當的聲和氣。這一點對於老闆來說十分重要。否則，再美的詞語也會失去其光彩，並很有可能引起聽者的猜疑、妒忌、不滿、反駁、敵視和嘲笑。

　　老闆如能恰到好處地使用聲和氣不僅能充分地表達說話的意圖和情感，而且還能使說話生機勃勃，充滿藝術的感染力。

批評下屬的技巧

　　工作中，很多人常常因一時疏忽，或經驗不足等導致工作失誤。所以，和犯錯誤的下屬一起分析這件事情為什麼錯、錯在哪裡、這樣做的後果可能會怎樣就變得非常重要。下屬挨罵要讓他挨得明白，而不是被罵個狗血噴頭之後還迷迷糊糊地不知道自己錯在哪裡。這種結果的最大受害者仍然是老闆。因為這個下屬下一次可能會重蹈覆轍，也可能會因此造成情緒上的障礙，不合作或者捅出更大的婁子。

　　當職員在工作中出現了失誤，為了糾正錯誤而責備他時，不要在大庭廣眾之下責備職員。

　　有的職員因為本身的原因，常常缺乏幹勁，工作沒有主動性。想要提高他們的主動性，你僅僅採取指責的辦法通常是無濟於事的，主動性必須從其內心激發出來。因此，對待他們指責只能是隱晦的，在表面上還是要進行激勵。

　　再者，人們在受到責備時，都會感到不痛快。但是林子大了什麼鳥都有，有一種特殊的人，任你怎樣批評，怎樣責備，他只聽之任之，我行我素，依然如故。

有位女經理，精明強幹，手下的一班幹將也都十分出色。但前不久，一名助手因為遷居別處而調走了，接任的是一位剛剛畢業的大學生。這位新來的女大學生，做事慢又馬虎，常常將印過的資料不加整理便交出去，辦公桌上也亂七八糟。時間如梭，其他人的業績都在增長，可是她卻總是老樣子。而且，這個女孩對於任何批評、責備，都只當做耳邊風，讓人急不得氣不得恨不得惱不得。後來，那位女經理決定改變責備方式，只要一發現她的優點就稱讚她。

　　沒想到，這個辦法真靈驗了，僅僅十幾天，那女孩就好了很多。一個月後，做出了非常顯著的工作成績。

　　可見，責備有時可以從另一個角度進攻，利用稱讚來使他們改掉毛病，進而增加你所老闆的集體的工作效率。

　　有些老闆比較容易衝動，特別是看到同事犯了比較嚴重的錯誤，嚴重影響集體的時候，就可能按捺不住沖天的怒火，當眾責罵起他們來。

　　某位經理脾氣比較暴躁，並且對工作總是一絲不苟，如果看到部門經理工作不負責任，或者令他不滿意，就會情不自禁地在當時當地直截了當地指出來。

　　儘管經理這樣做是為了工作，部門經理心裡也明白，知道經理並不是責罵他一個人。但是心裡畢竟不是滋味。

　　事後，經理冷靜下來，知道自己太衝動了，而且後來聽部下

解釋說，這個部門平時工作也是十分出色的，只是因為特殊情況有些小錯，但工作成果還是可觀的。

於是，經理馬上進行「補牢」工作。在他那天下班之前，派人把部門經理找來說：「今天委屈你了，首先怪我太衝動沒有十分瞭解情況，對你的責怪不當，請原諒。不過，你們部門的工作仍需要加強，相信你能做到這一點。」

幾句話使部門經理的心得到了安慰，同時又有一種被信任感，再大的委屈也就飛到九霄雲外去了。

俗語說「打人一巴掌再給一個甜棗」，雖然不能輕易地「打一巴掌」，但既然「打」了，給與不給「甜棗」效果便大不相同。

事實上，在批評下屬的過程之中，老闆也可以從中學到很多東西。但是更重要的是，讓你的下屬從批評中學到東西，讓他們每挨一次批評，都要有所長進。這就是我們所說的「增值批評」。當然，要做到每一次的批評都可以「增值」，作為老闆就必須不斷地學習、不斷地長進。不然，如果你的水準還沒有你的下屬高，你的批評下屬也很難服氣，更不用說「增值」了。

做下屬的最討厭那種喜歡整天訓人，但對任何事情又沒有主意的老闆。實際上每個人都懂得，老闆的威信不是透過大嗓門的訓斥得到的，而是在處理問題上你有比別人高出一籌的方方。

稱讚下屬的3種妙法

作為老闆，要多稱讚下屬，這樣可達到你所期望的效果。試想，如果一位老闆習慣於罵人和警告人，而另一位老闆則習慣於稱讚人，那麼，哪一位老闆的下屬更有信心、更容易發揮潛能呢？顯然，每天得到警告及責罵的下屬，他必定會對自己的能力產生懷疑，從而養成一種做事瞻前顧後、縮手縮腳的毛病，有了這些毛病，勢必又要受到老闆的責罵，如此惡性循環下去，人才也會變成蠢材的。

學習同一專長的崔海剛和尤磊畢業後分到甲、乙兩個公司，兩人的專業水準及各方面的才能都不相上下，而崔海剛的老闆張經理脾氣不太好，職員稍有差錯，輕則批評：「你怎麼這麼笨，連這種事都做不好。」重則以開除相威脅，常說：「下次再犯這樣的錯誤，我就開除了你。」而對職工的優點卻視而不見。有一次，客戶送來一塊樣布，要求染出同一顏色的包裝線來。崔海剛拿到樣布，很快看出這種顏色需要五種色拼出來，於是他立即開出配方，打出小樣。小樣的顏色與來樣看上去完全一樣。於是車間內開始按這個配方進行生產。但崔海剛忘記了告訴車間主任染

色時，壓力一定控制在兩個大氣壓上。結果工人為了省時，壓力升到1.5個大氣壓就關機了，致使染出的線略微有些色差。客戶對此倒沒有過分的挑剔，因為他們對崔海剛打小樣的技術熟練程度非常滿意。但張經理為此大動肝火，他當著許多的人的面大聲呵斥小張：「你為什麼就不能多在小事上注意一些呢？幸虧客戶沒有退貨，否則我將要開除你。」崔海剛自己也懊惱不已。從此以後，他經常為自己常犯這樣那樣的小毛病而自責，甚至有些自暴自棄。

而尤磊，儘管他也常犯些錯誤，但其老闆從未嚴厲地批評過他，而是經常稱讚他能幹，肯吃苦。尤磊為報老闆的知遇之恩，更加賣力地搞產品推銷，他一天就可以跑上五、六家公司。最後，倉庫內積壓了一年的產品也被他推銷出去。

一個人身上儘管毛病很多，但他在某方面總有令人滿意的地方，在這方面多給予表揚，會促使他揚其所長，把工作幹得越來越出色。

稱讚一個人，當然是因為他有出色的表現，但每個人在哪一方面出色卻各有不同。有的人是專業技術水準高，工作成績突出，而有的人則在社交方面有特長。針對這不同的情況，應給予方式不同的稱讚。

1. 讚揚具體的事情

讚揚下屬具體的工作，要比籠統地讚揚他的能力更加有效。首先，被讚揚的下屬會清楚是因為什麼事情使自己得到了讚揚，下屬會因為老闆的讚揚而把這件事做得更好。其次，不會使其他下屬產生嫉妒的心理。如果其他的下屬不知道這位下屬被讚揚的具體原因，會覺得自己得到了不公平的待遇，甚至會產生抱怨。讚揚具體的事情，會使其他下屬以這件事情為榜樣，努力做好自己的工作。

2. 讚揚工作結果，而非工作過程

當一件工作徹底結束之後，老闆可以對這件工作的完成情況進行讚揚。但是，如果一件工作還沒有完成，僅僅是你對下屬的工作態度或工作方式感到滿意，就進行讚揚，可能不會收到很好的效果。這種基於工作過程的讚揚，會增加下屬的壓力。

讚揚一位下屬，一定要注意讚揚這位下屬所獨自具有的那部分特性。如果老闆讚揚的是所有下屬都具有的能力或都完成的事情，這種讚揚會讓被讚揚的下屬感到不自在，也會引起其他下屬的強烈反感。

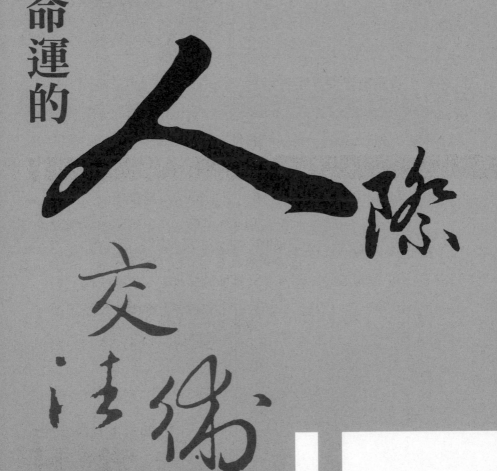

Human
communication
can
change
everything

改變

百萬人命運的

人際

交流術

互惠互利：使客戶保持忠誠

建立相互信任的客戶關係僅靠嘴上功夫是遠遠不夠的，要想贏得客戶信任就必須全心全意地付出，真正熱誠地關注客戶需求，為他們合理需求的實現付出實際行動。客戶的滿意沒有價值，客戶的忠誠才是無價之寶。當你贏得的客戶信任越充分、越堅定，客戶對你的忠誠就越持久、越穩固。

銷售產品最忌見利忘義，要想與客戶維持雙贏的關係，就要在實現自身利益的同時為客戶創造最大價值。如果只考慮自身利益而不惜欺騙客戶，那麼最終只能被客戶所拋棄。

當你全心全意地為客戶著想時，客戶也會對你保持信任和忠誠。心誠則靈，這是銷售並獲得客戶忠誠的基本原則。

提高客戶的興趣

　　從心理學的角度講，越強迫某人去做一件事，他可能越抗拒。越不強迫他，他可能越有瞭解此事的興趣。在面對客戶時，我們可以利用這個法則去向他們推銷產品。

　　一個推銷搜魚器的銷售經理詹姆斯在一個加油站停下車，他想給車加點油，然後爭取在天黑之前趕到紐約。

　　在加完油等待交費的時候，詹姆斯看見自己剛加過油的地方停著4輛拖著捕魚船的車。

　　他馬上返回到自己的車上，取出幾份搜魚器的廣告宣傳單，走到每一艘船的船主面前，遞給他們每人一份：「我今天不是要向各位推銷東西，我認為各位可能會覺得這份傳單很有意思。你們上路後，有空可以看一看，打發一下時間，我想你們或許會喜歡這種底線搜魚器的，最關鍵的是，這並不會耽誤多少時間對不對？」

　　繳完費後，詹姆斯一邊開車離開，一邊笑著向那些人揮手道別：「不耽誤時間的，是不是？」兩個小時後，在一個休息站，詹姆斯停下車買了一瓶可樂，就在這時，他看到那四個船主向他

疾步走過來。他們說他們一直在追趕詹姆斯，但拖著漁船，車速無論如何趕不上他，他們告訴詹姆斯他們想要多瞭解一些搜魚器的事情。

詹姆斯立刻拿出展示品，向他們做完簡單介紹後，說還可以具體示範給他們看，於是詹姆斯與他們一同走進休息室。他想找個插座為搜魚器接上電源，但休息室裡沒有，最後，詹姆斯在男廁所裡找到了插座。詹姆斯一邊操作一邊解釋：「比如在72米深的地方有一條魚，在船的右舷邊35米處也有一條魚……」

詹姆斯講得認真而投入，男廁所的其他人感到很好奇，不知道發生了什麼事情，也紛紛圍上來。15分鐘後，詹姆斯結束了自己的示範，這四個人此時已由聽眾變成了客戶，恨不得把這件表演的樣品馬上買回去。詹姆斯告訴他們去任何一家大型零售店都能買到，隨即又提供給他們一份當地的經銷商名單，四個人才滿意地走開。

詹姆斯在向船主散發廣告宣傳單的過程中，並沒有強調對方一定要在某個固定時間段去看，而是說「有空可以看一看」，「不耽誤時間的，是不是」。這些話給客戶透漏的資訊是：對面的這個人並沒有要求我一定要看他手裡的東西，既然這樣，看看也無妨。

有時候，推銷員執意讓客戶瞭解產品的行為會招致對方的反感，而故事裡的那句問話，恰恰打消了客戶的這種情緒。給客戶

留足空間，就是為你們之間關係的發展創造更大的空間。

　　如果推銷員見到客戶就不由分說地介紹自己的產品，客戶就會從心裡產生強烈的排斥感：我並沒有說要聽你的介紹，你為什麼還要強迫我聽？有了這種想法，消費者就很難再接受推銷員說的話。連話都聽不進去，還怎麼瞭解產品？

　　生活中，這樣的事情還有很多。當你在推銷一款新產品的時候，面對自己的客戶，不要急著跟他說產品有多好，而是先問幾句諸如：「您好，有沒有興趣看看這個？」「隨便看看吧，看幾眼又不花費多少精力是不是？」消費者的思維或許就會被你慢慢吸引，你的推銷也可以在不知不覺間成功了。

　　兩情相悅的東西才是最好的。在消費者心中，最佳的推銷模式也是這樣。所以，故事中詹姆斯只詢問不強求，看似不在乎，實際上巧妙地提高起了對方的興趣。不然，那幾個人也不會追著推銷員瞭解產品的相關資訊。

互惠互利：
使客戶
保持忠誠

隨口顯愛，多給客戶關注

很多時候，感動客戶並不需要我們付出多少，也許只是舉手之勞。透過一些小事，在一點一滴中，感動就會蔓延滋長，悄悄地擴散，然後滲透到客戶的心靈深處，最終在不經意間完成銷售！

今天，銷售趨勢已經從「客戶滿意」轉為「客戶感動」。就像一位資深的銷售人所說的那樣：做行銷就是感動客戶和被客戶感動的過程。讓「客戶滿意」透過制定一定的標準，透過一些監督完全可以做到；而讓「客戶感動」既沒有標準也無法進行監督，這就需要我們在行銷過程中不斷地營造感動氛圍，不斷地研究客戶心理，讓客戶不斷被你、被他們自己所感動！然而，在實際工作中，很多人卻忽視了「感動」這個銷售武器。這顯然是不明智的！

銷售賣的不光是產品，還有服務、人品、銷售員的個人魅力。作為一個面向客戶的銷售人員，我們的長相可以不帥，口才也可以不好，但是一定要會動情，要會感動客戶，要善於抓住客戶的心理需求，善於抓住感動客戶的「關鍵點」，如果你能讓客

戶「淚流滿面」，還有做不成的生意嗎？

　　以下這18種感動客戶的方法，我們姑且稱之為「感動客戶的十八般武器」，希望能幫助銷售人員感動客戶：

1. 談客戶感興趣的話題，讓客戶心裡舒服。
2. 抓住客戶的愛好，投其所好。
3. 關心客戶的生意，讓他感覺利益有保障。
4. 關心客戶的身體，噓寒問暖更能打動人心。
5. 記住客戶的生日，及時送上小禮品。
6. 適量適時發送問候祝福短訊，但不能太頻繁。
7. 幫助客戶出點子，但最好不涉及商業機密。
8. 幫助客戶買東西，「忘了」你在賣東西。
9. 常常探望客戶，和客戶保持聯繫。
10. 幫助客戶做些與生意無關的事，比如幫他交電話費。
11. 關心客戶的子女，親情最溫馨。
12. 幫助客戶的子女，以叔叔阿姨的名義。
13. 記住客戶家庭成員的生日和相關重要的日子，參加他們的聚會。
14. 最熱最冷、下雨下雪的時候去拜訪客戶，營造雪中送炭的感覺。
15. 搞定客戶的當家人，關鍵是出錢的那位。

使客戶
保持忠誠

16. 見客戶常帶禮物，並且每次都不一樣。

17. 盡最大努力滿足客戶需求，就算已經降到最低價位了。

18. 及時做好客戶的售後服務，把他們變成回頭客。

可能你會說，感動客戶的方法遠遠不止這些。是的，銷售是門藝術，如天馬行空，沒有什麼定式，但無論用什麼手段，唯一的途徑還是瞭解客戶的心理，讓客戶打心眼裡信服你。

銷售中，屢試不爽的「祕笈」就是感動客戶！客戶也是有血有肉、有感情的人，再冷漠的人，也有他的情感「缺口」，只要我們善於抓「缺口」，就能出奇制勝，贏得他們的信任，獲得相應的回報，和客戶達成互惠互利的關係！

NO.21

對客戶要常懷感恩之心

　　無論從事什麼工作，都要明確這一點：客戶在自己心中處於怎樣的位置？有人視客戶為「大肥佬」，能宰就宰；有人視客戶為合作夥伴，與客戶之間，除了利益，還是利益；而有些人卻把客戶視為衣食父母，充滿敬畏之意，充滿感恩之情。

　　視客戶為衣食父母尚不夠，還要把客戶當成自己最值得交往的人。就像世界上最偉大的推銷員喬‧吉拉德說的那樣：「我從來不請自己的同事吃飯，我只會請一些會向我買汽車的人吃飯。如果我不能賣東西給你，為什麼要跟你一起吃飯呢？」雖然他的話有些偏激，但是也說明了一個非常重要的道理——客戶是比同事還要重要的資源！

　　在這個世界上，有那麼多人在做生意，有那麼多的客戶，為什麼這些人願意和你合作，會成為你的客戶呢？這就是一種機緣，我們要做的就是感激他們成為自己的客戶，既然他們選擇了我們，我們就應當對他們常懷感恩之心。

　　蘇現剛剛剛開了一家網店，賣些小手工藝品，剛開始生意很不景氣，一天連5塊錢的貨都賣不了。但越是這樣，他越認真，

互惠互利：
第三章
使客戶
保持忠誠

他發現誰買了自己的貨，就趕緊給客戶寫一段感謝和祝福的話，而且每封信都是針對客戶購買的東西有感而發，儘量做到不說空話、套話，充滿了真摯的情感。

有一段是這樣的：「謝謝您對我的信任，也希望我的這條手鏈能使您的皓腕生輝，希望您每天都開心快樂。我非常高興能認識您，也很榮幸您能選擇我的小店。我還會和您繼續聯繫的，您如果不滿意可以隨時退貨，如果需要別的產品，我也會為您及時調換。總之，謝謝您，謝謝您豐富了我的生命！」

這樣充滿了感恩之情的話語讓很多客戶感動不已，他們沒想到買一條便宜的小手飾還能得到如此「隆重」的感謝，於是，回頭客越來越多了。沒出一年，周圍的朋友們驚奇地發現，蘇現剛的小店已經變成了實體店，而且生意非常好。

要想成為一個成功的生意人就必須對我們的客戶懷有感恩之心！

首先，對客戶要有敬意。登門就是客，無論貧富，一視同仁。客戶是我們的經濟來源，是我們的衣食父母，假如沒有人和你合作，你的生意只能是一紙空談，只有關門停業。我們對客戶要充滿敬意，用優質的產品和服務去回報信任你的客戶。

其次，珍惜你和客戶之間的緣分。世界這麼大，客戶能找你做生意，而沒去光顧你的競爭對手，除了緣分，還是緣分。對客戶，我們更要多加上幾分感激，感激他們給了我們鍛鍊和提高的

改變 人際交往 百萬人命運的術
Human communication can change everything

機會，讓我們得到了很好的發展。抱著感恩的心態，我們才能竭盡全力，把生意越做越大。

把客戶的事當成自己的事。你的客戶願意來找你，就是相信你，信任你，願意把你當成他的合作者。客戶信任我們，我們也要信任客戶，把客戶的事情當成自己的事情，為客戶全心全意地服務，讓客戶高興而來滿意而歸。

讓客戶感受到你和他站在同一邊

　　做銷售要學會體會客戶的心理，站在客戶的角度想問題，找出他們真正需要的東西。能為客戶的利益著想，並能夠站在客戶的角度思考和處理問題，也就是具備一定的「同理心」。

　　當你具備了同理心，能為客戶著想的時候，你就會發現自己和客戶有了「認同感」。而認同客戶會使客戶感受到你的真誠，進而和你產生一種親密感，這樣就能有效地減少雙方的交流障礙，有利於銷售的順利進行。

　　在具體的銷售實戰中，如何根據客戶的不同反應來運用「同理心戰術」呢？下面就為您分析分析：

　　客戶明察秋毫，你要幫他權衡利弊。為了避免吃虧上當，客戶一般都會仔細分析買你的商品將產生什麼樣的後果，因此聰明的客戶一般不會被你的觀點所左右，他們會根據自己的經驗和知識來做出判斷。這時，我們千萬不能跟客戶「計較」，要順著客戶說話，站在他的角度去看待利益得失。

　　比如，銷售人員說：「您可以四處打聽一下，我們的發動機品質是最好的，用個四五年一點問題都沒有，同時還為您提供

永久免費維修服務。」雖然客戶也知道這些優勢，但他考慮得更多，也許他會說：「我相信你們的產品品質有保證，但是成本太高了，我們是小廠子，成本高了就怕周轉不過來啊。」這時，你不要再堅持什麼「品質不品質」了，我們要順著客戶面帶微笑地對他說：「對，您說得對極了，不管什麼時候成本都是最重要的。」如果你再去強調什麼品質優勢，就會讓他覺得你是站在他的對立面，這樣是很危險的。

如果客戶認同了你說的話，接下來，你就可以見機行事，慢慢向他灌輸自己的產品能夠如何節省成本。畢竟品質好實用性才會更強，再給些優惠，也許客戶就真的「買單」了。

客戶突然有了新想法，千萬不能打擊他。即使你不贊成他的意見，即使心裡覺得這個建議很愚蠢，也不能直接說出來。如果一個客戶說：「你們的傢俱設計太古板，沒有新意，可以適當花俏一些嘛。」這時，你不能反駁他，說：「我們的傢俱都是貴重木材製作的，都是放在正式場合的，不宜太花俏。」你這樣一說，客戶就會覺得很沒面子。你應該說：「是啊，您的建議不錯，我們會反映給經理的，是該做一些有創意的傢俱……」

客戶表現出負面情緒，你要及時緩解。當你喋喋不休地向客戶介紹產品的時候，別忘了注意觀察客戶的表情，如果發現客戶臉上出現不高興的表情，一定要及時收聲，轉移話題，緩解客戶的負面情緒。另外，如果客戶無意向你透露出一些煩心事的時

候，銷售人員也要表示理解。

　　前Google全球副總裁及中國區總裁李開復先生曾這樣說：
「沒有同理心就沒有彼此之間的信任，沒有信任就沒有順利的人
際交往，也就不可能在分工協作的現代社會中取得成功。」在銷
售的時候也是如此，只有和客戶換位思考，具備了同理心，才能
讓客戶理解你、認可你、信任你，進而購買你的產品！

NO.23
五種方法讓你的客戶樹立購買信心

很多客戶面對商家都會存在不信任的心理。他們總是覺得從銷售員那裡得到的資訊包含著一些虛假的成分，會被商家欺騙，受到經濟上的損失，多花了冤枉錢；或者受到以往生活經驗的影響，曾經被欺騙，人身安全受到過傷害，所以擔心你的產品存在某種安全隱患；或者擔心自己的看法與別的消費者不同，而受到銷售員的譏諷和別人的嘲笑。

所以，在銷售的過程中，聰明的銷售人就要學會做個定心丸，打消客戶的疑慮心理，使客戶放下心來，讓銷售活動順利進行。

下面就讓我們來看看如何幫客戶樹立起購買信心，打消心中的疑慮：

1.實話實說法

當客戶對產品的品質和價格產生疑慮時，我們可以主動向客戶闡述產品存在的問題和價格的合理性，這樣做可以讓客戶感覺到我們的誠意。對自己挑選的商品有更多的瞭解，也就更有了購

買的信心和勇氣。實話實說，可以讓客戶感覺是在公道、透明的環境下交易，也會讓他們有更多機會再次選擇和你合作。

2. 優勢凸顯法

在銷售過程中，為了使客戶接受自己的產品，我們不僅要說產品的共性，還要明確指出自己產品的最大優點。凸顯自己的優勢，讓產品的優點成為影響客戶購買的重要因素。客戶接受一種產品必然有他的心理需求，找到這種需求，並讓其和我們的產品的最大優勢相契合，這樣才能真正打消客戶的疑慮。如果一聽到客戶說不合適，就立刻推薦其他產品，往往會讓客戶從你的眼皮底下溜走。

3. 利益共有法

如果客戶在某件商品前躊躇很久，很難做出決定時，我們千萬不能催促，或一味地強調什麼贈品，更不能採用強硬的態度逼迫客戶。這樣不僅不能讓客戶樹立購買信心，還會讓客戶產生厭惡心理和逆反心理，讓他們覺得買了必然會上當。這時，最好的方法是讓客戶感覺到你並非只為了銷售而銷售，而是站在他的角度，為了他的利益而傾情推薦。

4. 迂迴補償法

在銷售的時候，我們還會遇到這樣的情況：雖然產品品質、價格、服務都很有優勢，也充分考慮了客戶的利益，但客戶仍然不滿足，希望獲得更多的優惠和更低的價格。這時，我們不能輕言放棄，覺得客戶太貪心，可以在力所能及的範圍內，透過其他方式對顧客進行迂迴補償，讓他們滿心歡喜地再次光顧我們的生意。

5. 先緊後鬆法

如果你已經確定了客戶的購買意向，但客戶在價格上咬著不放，這時你怎麼辦？可以採用先緊後鬆法，先以堅定的口氣、平和的態度向客戶說明不能再降價的理由，然後根據客戶的態度逐漸放低價格。如果客戶堅持不鬆口，還可以借助老闆之力，將棘手的問題轉移。這樣，客戶就會感覺現在的低價來之不易，並產生感激心理，下決心購買你的商品。

不管在什麼時候，面對我們的客戶，我們都要對自己的商品充滿信心，對自己的能力充滿信心，只有以自信的態度面對客戶，才能讓客戶充滿購買信心，然後就可以根據客戶的心理採取不同策略，打消客戶的心理疑慮，成功地售出商品！

給客戶做參謀，讓他下定購買決心

在推銷的整個環節中，首先要找到一個潛在客戶，然後就是下工夫將潛在客戶變成真正的購買者。

假如你正在向一位客戶推銷服裝，她喜歡哪件衣服猶豫不決。你可以說：「讓我想想，妳喜歡那件深顏色的還是淺顏色的，或者是那件有些混搭的？」你不必問她是否想買，只要假設她想買，並提供出幾個可能的選擇項，供她去選擇和判斷，而不用替她去決斷，除非她有明顯的障礙（如沒有能力支付），否則將當場完成銷售。若改變推銷方法，問她：「妳就買那件深顏色的吧？」她很可能會拒絕，因為她不一定喜歡深顏色的衣服，這樣的問題一旦問得過多，客戶就可能對你及周圍的商品產生厭煩情緒，交易很可能會失敗。

一位管理顧問想租用昂貴的辦公室。房屋仲介知道他的經濟情況，就向他推薦了一間又一間的房子。在這個過程中，仲介從未想過她的潛在客戶會不會租房子，她只是在想：哪一套房子最適合我的客戶？

在介紹了不同的辦公室之後，她斷定該是成交的時候了。

她把潛在客戶帶進了一間房子。在那裡，他們俯瞰窗外，她問道：「你喜歡這窗景嗎？」

潛在客戶說：「是的，我很喜歡。」

然後，仲介又把潛在客戶帶到另一間房子：「你喜歡天空的美景嗎？」

「非常好。」那客戶回答。

「那麼，您比較喜歡哪一個呢？」客戶想了想，然後說：「還是第一間。」「太好了，這當然就是您想要的房子了。」仲介說。事實果真如此，那位潛在客戶沒有拒絕，真的租用了那間辦公室。

客戶之所以會厭倦和排斥，不僅僅是被問得過多，還在於之前的不良銷售給其留下的陰影。尾隨、強迫等推銷方式都會讓消費者感到厭煩。對銷售員敬而遠之就是很自然的事了。

在上面的故事中，房屋租賃代理並沒有尾隨和強迫消費者，更沒有先入為主地替潛在客戶做決定，只是詢問客戶的選擇意向。推銷員應該把更多說話的機會和決定權留給客戶，而不是擅自替他作判斷。給客戶某些具有明確指向性的答案往往會讓他有這樣感覺：是我買還是你買？你不瞭解我為什麼老替我選擇？一旦客戶有了這樣的想法，交易將很難達成。

在實際推銷產品的過程中，你應該向客戶提供更多的選擇意

互惠互利：
使客戶
保持忠誠

向，做高明的參謀，而不是將自己的主觀臆斷提供給對方，成為武斷的決策者。不干涉客戶的選擇，才可能以最快的速度完成銷售。

改變 人際交往術
百萬人命運的
Human communication can change everything

NO.25
提醒客戶不要「錯失良機」

　　心理專家認為，客戶購買產品或者服務，一方面是為了獲得一些實際利益，滿足自己的生活需要；另一方面則是為了獲得安全感。當發現客戶在關注我們的產品時，我們就可以採取巧妙的方法、適當的時機去提醒客戶，讓他覺得，如果不及時購買就會失去重要的安全或健康保障。適當給客戶一點善意的「提醒」，更能堅定客戶購買產品或服務的決心，還能促使客戶主動縮短溝通的時間。

　　那麼如何才能用好這種心理戰術呢？下面就為您推薦幾種方法，當然這些方法、技巧還需要根據具體的銷售環境來進行操作。

1. 製造一種別無他選的困境

　　當你發現客戶猶豫不決，在幾種商品前徘徊的時候，你必須站出來，為客戶分析一下他面臨的處境，他最想得到什麼你就給他推薦什麼，態度一定要強勢，讓他明白自己已經「無路可退」，只能在這幾樣裡選擇一種，這樣他就不得不接受你的意

互惠互利：
第
二
章
使客戶
保持忠誠

見。

2.將客戶意識中的「還有」變成「沒有」

在購買一件商品前，客戶的心理往往是這樣的：「這東西到處都是，這裡不賣別的地方也會賣。」客戶的潛意識裡總認為賣方市場競爭是激烈的，總是希望能以最優惠的價格買到最好的東西。即使他們選擇的機會和餘地很小，他們也會這樣想。這時，銷售就要給客戶一點心理壓力，告訴他們，時間、金錢已經不允許他們再去選擇別家了，不買就「沒有」了，從而促使他們下定決心。

3.暗示客戶可能喪失某些利益

向客戶提出「假如不購買我們的產品，您將會受到什麼什麼損失」的暗示，在進行這類暗示時，銷售人員首先要弄清楚客戶最關注的產品特點是什麼，不要在一些客戶不太關心的細枝末節上大費周折。當然，銷售人員在溝通過程中必須進行客觀、實際的暗示，絕不可以欺騙客戶。另外，銷售人員必須在尊重和關心客戶的基礎上，有技巧地進行說服，否則很可能會引起客戶的強烈不滿。

4. 限時限量，過期不候

　　限時限量是為了營造一種緊張感，讓客戶從內心感到「恐慌」。透過給客戶一種時間和數量上的壓力，往往能促使客戶做出快速的決定。限時的東西可以是一些容易變質的商品，也可以是節假日的促銷活動，還可以是「購買前100名者，可得到一把牙刷」。大家都知道限量版的LV包包很貴，限量版的汽車更是天價，一加上限量，似乎很多東西都搖身一變成了寶貝。這種限時限量的策略無非就是讓客戶明白——此時不買更待何時？

　　客戶在購買商品時，會產生各種各樣的心理反應，但不管什麼心理，當銷售人員告訴客戶，如果他們現在不買可能會失去某些利益時，他們必然會產生或多或少的緊張感，這顯然比直接告訴他們產品有多麼好更有吸引力！

讓客戶心悅誠服的方法

　　如果客戶想購買你的商品，你可以將此商品的優點、作用以及價格等向其娓娓道來。假若客戶看後，不想購買你的商品，而你所賣的商品確實物美價廉時，你是否有能力改變顧客的心意，使客戶變「不買」為「想買」呢？

　　使客戶變「不買」為「想買」，以下幾種方法可以借鑒：

1.設置疑問法

　　客戶看完你的商品後並不想購買。這個時候，你直接向其講述該商品同其他商店所售商品相比，品質如何如何好，價格如何如何低，客戶是聽不進去的。假若有一種法子，能夠使客戶抱著一種好奇心停下來，聽聽你的講解，則能夠使你所售商品賣出。這種法子就是設置疑問法。

　　一次貿易洽談會上，賣方對一個正在觀看公司產品說明的買方說：「你想買什麼？」買方說：「這兒沒什麼可以買的。」賣方說：「是呀，別人也說過這話。」當買方正為此得意時，賣方微笑著又說：「可是，他們後來都改變了看法。」「噢，為什

麼？」買方問。於是，賣方開始了正式推銷，該公司的產品得以賣出。

該事例中，賣方在買方不想買的時候，沒有直接向其敘說該產品的情況，而是設置了一個疑問──「別人也說過沒有什麼可買的，但後來都改變了看法」──從而引發了買方的好奇心。於是，賣方有了一個良好機會向其推銷該產品。

2. 背道而馳法

客戶不想購買你的商品，有時候是因為你所售的商品有點瑕疵。對於此種情況，與其遮遮掩掩，不如大膽指出。銷售商品時，你說出對你自己不利的話語，客戶會在意外之餘，油然產生一種信任。因此，客戶會變「不買」（因為商品有瑕疵）為「想買」（因為你坦誠）。

王小姐去服裝市場購買衣服，她找到了一件款式、顏色都比較稱心的套裙，可惜這件套裙上有一處小毛病。文靜的王小姐發現後，並沒有告訴售貨員，而是想到別處看一看。這時候，售貨員說話了：「歡迎您來到我們店，可惜這種式樣的衣服就一件啦，並且這件還有點小毛病，我如果長得像您這樣漂亮，我也不買。」王小姐聽後心想：這位售貨員大姐可真夠坦誠，從她這裡購買衣服肯定不會上當受騙。她轉身又看了看那套裙，覺得雖然有點小毛病，但是並不顯眼，算不上什麼問題。於是，王小姐心

情順暢地購買了這套衣服。

　　銷售衣服時只向客戶講解衣服的優點，避免提到衣服的缺點，這本是常理中的事。但該售貨員並沒有講一句該套裙如何如何好，也沒有去勸王小姐買，而是反其道行之，直率地道出了該套裙的瑕疵。這種違背人們價值推理的做法，使得王小姐打消了不買的疑慮，欣然地購買了服裝。

3. 熱情有加法

　　客戶在你商店挑選了半天，沒有購買一件商品。這時候，你可能會生氣。假若你不將不滿意的心情表現出來，並且對此時不想購買的客戶更加熱情，說不定，為你感動的客戶會回轉身來，心甘情願地買走你所售的商品。

　　一次，一個旅遊團不經意地走進了一家糖果店。他們在參觀一番後，並沒有購買糖果的打算。臨走的時候，服務員將一盤精美的糖果捧到了他們面前，並且柔聲慢語：「這是我們店剛進的新品種，清香可口，甜而不膩，請您隨便品嘗，千萬不要客氣。」如此盛情難卻，恭敬不如從命。旅遊團成員覺得既然免費嘗到了甜頭，不買點什麼，確實有點過意不去，於是每人買了一大包，在服務員「歡迎再來」的送別聲中離去。

　　糖果店沒有對旅遊團的「不買」有所抱怨，相反，他們更加

熱情，這種居家待客式的真誠招待，使客戶不知不覺進入了糖果店營造的一種雙方好似親友的氛圍之中。「人敬我一尺，我敬人一丈」，既然領了店家的「情」，又豈能空手而歸呢？

互惠互利：
使客戶
保持忠誠

親密有度：君子之交淡如水

　　我們總是習慣於在一個人取得成功的時候說：「那還不是他的機遇好！」是的，事實也的確如此，但是你為什麼不問：「為什麼他的機遇好？」難道是上帝偏心於他不成？不，機遇對任何一個人都是公平的，不同的是朋友的數量不同，可以說機遇就是交友廣泛與否的潛臺詞，朋友的數量，直接會影響到機遇的多少。

　　學歷，金錢，背景，機會……也許這一切你現在還沒有，但是你可以打造一把打開成功之門的金鑰匙——朋友的數量。如今已經是一個靠人脈求發展的年代了，誰都不可能成為魯濱遜那樣的孤膽英雄，而應該是結識更多的朋友，大家彼此幫襯，互惠互利！

用心去聯絡同學間的感情

　　現代社會是人際關係社會，人際交往是否廣泛，是一個人能否在事業上取得成功的關鍵因素。而在這種關係中，同學關係應該是比較重要的一種。因此，要用心去聯絡同學間的感情，以備不時之需。

　　可是，很多人認為，與同學不可能一輩子都待在一起。畢業後，大家為著理想各奔東西，過去的交情和記憶似乎會隨之煙消雲散了。因此，有人說：「同窗之情只有短短幾年，一旦緣盡則情盡，沒有什麼可值得留戀的。」其實，這是錯誤的想法。同學畢竟是同學，好友畢竟是好友。要知道，大千世界，茫茫人海，既為同學，實是緣分不淺。同窗之間，雖在一起的時間不長，但其中的關係值得珍惜。當與同學分開後，若還能相互聯繫的話，那對自己的人生或事業一定大有好處。這有利的一面，也許是你意想不到的。

　　很多人都有這種體會：同學關係在危急關頭能幫上大忙。但要記住，這中間的好處是來自於平常的努力。同學分開後，如果不常聯繫或相聚，那關係從何談起，從中受益更是一紙空文。如果你有這份真心，真誠地維持同學關係，那麼，你的人際關係就會更加廣泛，路子也會比別人多。同學間彼此照應，相互支持和

幫助，情誼才會不會枯竭，人脈才會永世不斷。

在同窗關係中，時間並不是敵人，任何人際關係都需要經常維持。因此，要想處理好分別之後的同學關係，建立長久的朋友關係，須注意一些具體原則。最重要的就是以下幾點：

首先，要經常聯繫、相聚，比如說透過郵件或電話聯繫。這點可以充分利用同學錄，以此展開更廣闊的交往。但是值得注意的是，平時一定要注意和同學培養、聯絡感情，只有平時經常聯絡，同學之情才不至於疏遠，才能在關鍵時刻得到同學的幫助。

其次，要關注同學的現狀。無論你現在從事的行業屬於什麼領域，都應該與那些容易聯絡的同學，如初中、高中、大學同學等，建立起自己的朋友關係，然後再從同學這裡擴大你的交往圈。不妨多運用同學身邊的人際關係，這樣可以使你的圈子進一步擴大。

再次，要積極組織、參加同學會。隨著人類社會的進步，人類認識的提高，大家也加深了對各種人際關係的認識。許多人在與同學分開之後，還經常保持聯繫或成立同學會，這可以幫助彼此維繫良好的同學關係。

不管是誰，都有幾位昔日的同窗好友，說不定你的言談舉止還存在他們的記憶中，千萬不要把這種寶貴的人際關係資源白白浪費掉。同窗之誼，情如手足，在某種程度上猶勝於手足之情。同窗之誼，猶如朋友之情，但在一定意義上又有別於朋友之情。

積極接受朋友的邀請

　　如果朋友打電話過來邀請：「今晚我們一起去吃個飯，怎麼樣？」這時，即使你已經吃完飯了，也應該愉快地接受。只要沒有什麼特殊的情況，就應該答應對方：「好的，我會去的」，還有，你去的快慢，可以把自己誠意的多少傳達給對方。

　　朋友之間最重要的就是彼此的信任和真誠地對待，特別是對於剛認識的新朋友，這更顯得難能可貴。你對朋友奉獻什麼，你才能得到什麼樣的回報。

　　一天，張超知道晚上有一場精彩的足球比賽。他正想著在電視前觀看比賽，可是他的朋友杜峰打來電話，邀請張超到香山酒家和朋友們喝酒去。張超當時感到很為難，想了想還是非常痛快地答應了對方。去香山酒家喝酒的有杜峰的幾個老鄉，其中包括年輕貌美的張歡。張超和張歡的座位又恰好挨著，兩人在酒席中談得非常好。正好張歡也是個球迷，她托她的母親為她錄了今晚的比賽，並邀請張超到她家看比賽的錄影。張超爽快地答應了，並約好了時間。後來兩人的關係向前發展得非常順利，最後結為了夫妻。

　　試想，如果當杜峰邀請張超時，張超一味地考慮這次酒宴對他

有什麼現實的好處，他就有可能因為有精彩的球賽而放棄應邀。社交的妙處並不在於它能一下子給你什麼東西，而是在於它總能夠給你提供意想不到的機會，最後得到意外的收穫。

此外，當朋友邀請你去他家做客時，接受邀請的同時要問清對方什麼時間去合適，然後按時赴約。像上面的故事中，如果張超當晚沒有跟張歡約好看錄影的時間，恐怕他們之間的緣分也只能到朋友為止了。

當有朋友對你說：「這幾天有時間來我家裡玩吧，順便做幾個菜請你吃飯，怎麼樣？」接下來你應該確定一個時間。「你看下周星期天去合適嗎？不知是否會打擾到你？」然後在約定的這天去拜訪並且要表現出非常的高興，那麼對方一定會從心底裡感到你是信任他的。

當然，多去聚會於你自己也非常有好處，你認識的人越多，就能接觸到越多不同的想法，開闊自己的思維，而不是永遠只在一種標準下打轉。很多時候一些至交好友或者伴侶都是因「朋友介紹」而認識的。所以，你要儘量提高自己的「出鏡率」，讓朋友們記住你，這樣，你就不再是「被人遺忘的角落」了。

從現在開始，對那些朋友的友好邀請，我們儘量去赴宴吧，不要用各種藉口去推三阻四了，打開你的心門，你會在朋友的聚會中享受到另一種愜意。

NO.29

朋友的隱私別隨便打探

　　馬克‧吐溫說過：每個人像一輪明月，他呈現光明的一面，但另有黑暗的一面從來不給別人看到。這座埋葬記憶的小島和月亮上黑暗的一面，就是隱私世界。在交朋友時，隨便侵入朋友的隱私地帶，這是我們交往的大忌。

　　一些人認為，朋友之間，應該坦誠相見、推心置腹，所以就不存在什麼隱私。抱有這種觀點並侵入朋友隱私世界的人，將會很難交到朋友，因為他們的這些舉動常會傷害到別人。朋友之間是應該坦誠相見，推心置腹，但千萬不要侵入朋友的隱私世界。

　　有一次，史俊強在KTV包箱狂歡，消息突然被朋友沈志剛知道了。第二天沈志剛就逗他玩，說：「兄弟，昨晚陪MM唱歌也不叫我們，不夠朋友啊。」

　　史俊強聽了大驚失色。他說：「你是怎麼知道的？」

　　沈志剛說：「我是千里眼、順風耳，你有什麼瞞得過我呢？我不光知道你去了KTV，而且還知道你與小姐打情罵俏的內容。」

　　他說：「我不信。」

　　沈志剛說：「我不想多說，我只問你，你是不是深情地唱了

一首《兩隻蝴蝶》？唱完之後，是不是有位MM溫柔地為你喝彩，說親愛的，你唱得真棒！有這回事嗎？」

史俊強聽了，目瞪口呆。從此對沈志剛起了防備之心，漸漸地就不來往了。

沈志剛拿朋友的隱私開玩笑，其實是超越了朋友的界限。每個人都有不希望他人知道的隱私，一般總是有些令人不快、痛苦、羞恨的事情，比如戀愛的失敗，夫妻的糾紛，事業的失敗，生活的挫折，成長中的過失，感情上的糾葛……隱私不對他人造成威脅，不給社會帶來危害。不論朋友之間多麼的親密無間，不分你我，他都有權利把隱私埋葬起來，不向你透露，不讓你看到。不探究朋友的隱私是對朋友的尊重。這不是冷漠，而是善解人意的表現。知道了朋友的隱私，對朋友、對自己只有壞處，沒有好處，這不僅會給朋友增加心理負擔，也給自己增加了保密的責任感。

好打聽別人的隱私，津津樂道，以此為快，這是不健康的心理表現，是低級趣味和作風庸俗的表現，這是為品行端正、情操高尚的人所不齒的。

喜歡翻朋友的抽屜，亂拆朋友的信件，擅自翻閱朋友的日記，自詡親密待人，不分你我。這樣做不但惹人生厭，而且還暴露了你的不良品行，降低了你的人格。

同時，朋友不成熟的構思設想；未完成的論文、報告，也

不要隨便打聽、洩露，以免破壞情緒、干擾思維、影響朋友的工作。

　　即使無意之中知道了朋友的隱私，你也最好把它從記憶中抹掉，至少也要把好嘴巴這道關口，守口如瓶，不讓其洩露出來。因為撕開朋友痊癒的傷疤，暴露朋友隱匿的祕密，只能使朋友尷尬、不快，飽嘗痛苦和羞恨，而且會給搬弄是非的小人提供中傷、打擊、散佈流言飛語的材料。對朋友的隱私，更不可到處宣揚，或以此要脅，否則簡直是潑皮行徑、小人伎倆了。如果有人這樣做，朋友之間友誼的影子已蕩然無存，有的只是充滿敵意的較量了。

　　每個人的內心都有別人不能碰觸的一方天地，作為朋友要尊重對方，讓朋友保留一片祕密的天空。唯有如此，才有可能真正地結交到知心朋友。

顧及朋友的自尊心

　　每個人都有自尊心。如果在言辭上傷害了別人的自尊心，那麼，這種傷痕將永遠留在他的心中。而適時地維護他人的自尊心，足可以改變一個人的命運。

　　一天，一位大商人在人潮洶湧的大街上，看到一個穿著像乞丐的雨傘推銷員，同情心陡升。於是，他把一美元丟進了雨傘推銷員的懷中，就匆忙走開了，看也沒看他一眼。

　　走出幾步遠後，他突然返回，從雨傘推銷員那裡，精心挑選了一把雨傘，然後充滿歉意地說自己付完錢，忘了拿雨傘，請他原諒，最後他說：「你和我一樣都是商人。」

　　一年之後，在一次上午聚會上，一位穿戴整齊的推銷員熱情地迎上這位商人，並自我介紹說：「先生，你可能已忘記了我，但我永遠忘不了你，你就是那個重新給了我自尊的人。以前，我一直認為自己只能是一個推銷雨傘的乞丐，直到你那天告訴我是一個商人為止。」

　　就這樣，一次給人尊嚴的談話讓一個身處困境、精神困頓的人找到了自我，從而走向了更加美好的生活。與朋友交往時，給

人尊嚴同樣重要，因此，我們要時刻審視自己的言行，以免傷了朋友的自尊，損害了自己的人脈關係。

構建良好人脈的基礎是尊重他人。每個人都應學會不傷及他人自尊心的說話方法。如此才能使我們與人相處得更加融洽，友情更加深厚。

即使是再深的友情，也經不起自尊心的傷害！凡事莫苛求，寬以待友。

人生活在這個大千世界上，需要很好地處理人脈關係，我們應從以下幾個方面做起：

1. 求同存異

人們在性格、愛好、職業、習慣等諸方面存在著很大的差異，對事物、問題的認識與理解也不盡相同。因此，我們不能要求朋友與自己一樣，不能以自己的標準和經驗來衡量朋友的所作所為，要承認朋友與自己的差別，並能容忍這種差別。結交朋友，要做到求同存異，只要雙方有互相交往的願望，能夠真誠相待就可以了，不必讓朋友認同你的處世哲學。

2. 樂道人善

金無足赤，人無完人。宋代文士袁采說過：「聖賢猶不能無過，況人非聖賢，安得每事盡善？」在日常的交往中，朋友不可

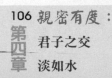

避免地要出現或大或小的失誤，這時你不要動不動就橫加指責，大聲呵斥，甚至恨不得將他置於走投無路的境地，而是做到「樂道人之善」，多看到朋友的長處。《論語·陽貨》中有「寬則得眾」的思想。《論語·微子》中周公曾對魯公說：「無求備於一人！」唯有做到這些，你才可以廣結人脈。

3. 不要怨恨朋友

若朋友未能滿足自己的需求，或有什麼過錯，或做了對不起自己的事情，切不可懷恨在心。因為怨恨會加深朋友間的誤會，影響友情。凡事要站在朋友的角度想想，這樣或許能夠理解朋友的所作所為。

有些人對一些小得不能再小的問題爭得不亦樂乎，誰也不肯後退一步，說著說著就較起真來，以至於非得決一雌雄才算甘休，結果鬧得不歡而散，甚至相互結怨。假如對於一些非原則性問題，給朋友一個臺階下，滿足一下朋友的自尊心和好勝心，不但朋友之間的友情得到加深，而且還顯示出你的胸襟之坦蕩、修養之深厚。

朋友間有事沒事都要常聯繫

　　除去最親密的家人，好朋友絕對是你人際網路上最溫暖、最貼心、最有人情味的結點。正因如此，人們往往認為既然是好朋友，彼此間已相當熟悉，也很隨意，沒必要像其他人際關係那樣苦心經營，也用不著經常聯繫。這是一種認識上的錯誤。不經常保持聯繫只會讓好朋友間關係漸行漸遠、關係淡化、終至於無，使最初的好友變成最終的陌路人。想想當初由陌生人遞進成好朋友的不易，真不應該讓這種關係逆行。其實，好朋友間只需要有事沒事經常保持聯繫，友誼之花便可長開。

　　下面這個故事從反面說明了好朋友間經常保持聯繫的重要性：

　　春燕和劉豔紅上大學時是同班同學，而且住一個宿舍，每天形影不離，關係好得像一個人似的。同學們都笑稱她倆是「砣不離秤，秤不離砣」。

　　畢業之後，由於劉豔紅去了廣州，春燕留在了北京，所以她們之間的聯繫漸漸少了，春燕只是偶爾給劉豔紅打一個電話問候一聲。

後來，由於工作越來越忙，有時候好幾個月春燕都想不起來給劉豔紅打一個電話。

再後來，春燕結婚了，當媽媽了，她和劉豔紅之間的聯繫幾乎中斷了。

雖然有時候，春燕在翻相冊時偶爾能夠想起劉豔紅，但對她的印象已經開始模糊了。而且潛意識裡也不太想再重拾那段友情，或許是因為照顧家庭已經力不從心，或許是因為工作已經精疲力竭。

有一次，一位從廣州回來的同學給春燕帶回了劉豔紅的消息和新的聯繫方式，並轉告她說，劉豔紅希望春燕有時間能給她打個電話。可是，忙於照顧孩子和工作的春燕一轉眼便把這件事情忘記了，而同學帶給她的劉豔紅的聯繫方式也不知被她遺忘在哪了。

就這樣，她和劉豔紅之間徹底中斷了聯繫。

一對好朋友最終卻天各一方、不通消息。我們在為她們遺憾之餘，也要吸取教訓，珍惜友誼，經常和自己的好朋友保持聯繫。

1. 與好朋友經常碰面

好朋友如果與你生活在同一個城市，那麼經常見面是最好的聯繫方式。不妨在下班後、節假日約三五個好友小聚一把，喝喝

酒、吃吃飯、聊聊天、敘敘舊、訴訴苦。不但可以給心靈一個停泊的港灣及難得的愉悅，還能加深彼此的感情。

2. 給好朋友打電話

如果好朋友生活在另一個城市，或者即使與你同居一城但彼此很忙，那麼打電話就是最方便的聯繫方式。

打電話的時候，不要以為朋友看不見你就不知道你有小動作，因為哪怕只有聲音的細微變化，你的心不在焉都會被他（她）發現。所以，在打電話的過程中最好不要有吸菸、喝茶、吃零食等行為，就算只是懶散的姿勢，對方也能「聽」出來。

當然，在平時，與朋友進行電話交流，自然不必這麼死板，但也要充分重視接電話的第一聲，因為這會讓對方直接感受到你現在的心情好壞。

3. 給好朋友發短訊

短訊的好處是，可以表達某些當面或電話裡不便說出的話，尤其在與好朋友發生衝突、產生誤會之後。一個短訊，就可以讓好友之間的誤會消於無形，使大家繼續保持良好的關係。

4. 寄照片給朋友

一定要挑選那些生動的特定鏡頭，清晰得足以展示某些細

節。每一張照片要能把你的一段故事告訴你的朋友。

5. 寄禮物

也許你會在商店的櫥窗裡看到一件標價僅為幾十元或百元的小物品，然而卻是寄給朋友的最好的禮物，你就該馬上為他（她）買下這件禮物，立即寄出，而不必考慮一定要湊一個節日。

充分利用現代化的通信設備，有事沒事與朋友常聯繫，讓電話、短訊和實物成為聯繫你和朋友之間情感的關鍵吧。

NO.32

建立你的朋友檔案

通常那些辦事處處通的人，除了他們本身的優越條件外，還有一點就是他們身邊有一群非常要好的朋友。遇到不順的事時，這些朋友會為他出謀劃策，幫他渡過難關，不讓他有絲毫的鬆懈和半點的放棄。這樣的人大都有一個「朋友檔案」，並且是一個善用「朋友檔案」的人。

美國前總統克林頓在回答《紐約時報》記者是如何保持自己的政治關係網時說：「每天晚上睡覺前，我會在一張卡片上列出我當天聯繫的每一個人，注明重要細節、時間、會晤地點以及與此相關的一些資訊，然後輸入祕書為我建立的關係網資料庫中。這些年來，朋友們幫了我不少忙。」

一個當總統的人都在建立「朋友檔案」，何況一般人呢？

很多時候，光建立「朋友檔案」還不夠，還要善於利用「朋友檔案」，使之發揮作用的。

例如，把他們的生日、興趣、愛好等內容都收集進去，這樣，你就會加深對他的瞭解，在與他談業務或進行生意交往時，可以找出他關心的話題，跟他談最鍾愛的事物。當你這樣做時，

不僅會受到他們的歡迎,而且也會使你的業務得以擴展。

　　杜維諾麵包公司是紐約一家最高級的麵包公司,這家麵包公司的老闆杜維諾一直試著要把麵包賣給紐約的某家飯店,一連四年來,他每天都要打電話給這家飯店的老闆,他也去參加那個老闆的社交聚會,為了爭取到這個客戶,與飯店老闆成交這筆麵包生意,他還在該飯店訂了房間,以便找機會與老闆談談。但是經過一段長時間的努力,他都失敗了。

　　杜維諾開始反省自己,他決定改變策略。他收集了這家飯店老闆的個人資料,為自己建立了一個「朋友檔案」。終於找出這個人最感興趣、最熱衷的東西。原來,這個老闆是一個叫「美國旅館招待者」的旅館人士組織的一員,由於他的熱情,還被選舉為主席以及「國際招待者」的主席。不論會議在什麼地方舉行,他都會出席,即使必須跋涉千山萬水也堅決前往。

　　建立一個小檔案後,杜維諾再見到那個飯店老闆的時候,就開始談論他的組織。杜維諾得到的反應令人吃驚,那個老闆跟他說了半個小時,都是有關他的組織的,語調充滿熱情,並且一直笑著。在杜維諾離開他的辦公室前,他還把他組織的一張會員證給了杜維諾。

　　在交談過程中,杜維諾一點都沒有提到賣麵包的事,但過了幾天,那家飯店的廚師長打電話給他,要他把麵包樣品和價目表送過去。

那位廚師長在見到杜維諾的時候，說：「我不知道你對老闆做什麼手腳，但你真的把他說動了！」

　　後來，杜維諾與這位老闆成了無話不談的好朋友，他說：「想想看吧！我纏了那個老闆四年，就是想和他做大生意。如果我不建立他的個人小檔案，不去用心找出他的興趣所在，瞭解他喜歡的是什麼，那麼我至今也不能如願。」

　　杜維諾就是利用自己的「朋友檔案」成就了事業。

　　一個人的一生中會交許多朋友，這些朋友有的會成為你的至交，有的會持續交往，但有的也會中斷交往。交朋友固然不必勉強自己和對方，但不妨採取更有彈性的做法，不投緣的也不必「拒絕往來」，而是把他們通通納入你的「朋友檔案」。

　　有人用電腦建立朋友檔案，有人用筆記本，有人則用名片冊，這些方法各有長處，但不管用什麼方法，都要記住：與每個朋友都要保持一定的關係，建立一個「朋友檔案」，不要「用時方恨少」。

親密有度：
君子之交
淡如水

NO.33
交朋友要掌握火候

　　和好朋友相處要保持適度的距離，和普通朋友相交往更要把握相當的尺度。當對方突如其來地對你表示友愛之情的時候，你要冷靜觀察，在距離中爭取主動，以免被他驟然升溫的友情所燙傷。要知道，真正的朋友要經過一定時間的瞭解和共事才能建立彼此的友情，同時也能經得起事件和距離的考驗。

　　如果你和某人只是普通朋友，雖然一起吃過飯，但還談不上交情；如果你和某人曾是好友，但已有好長一段時間沒有聯繫，似乎感情已經淡漠了。但是有一日，他們卻對你異常熱情友好，甚至苦心運用一些辦法與你親密，在這種情況下，你應該有所警覺，因為他們可能對你有所企圖！

　　當然我們這裡只能說是「可能」，以避免以小人之心度君子之腹，誤解對方的好意。也許有人當時真的是對你滿腔熱情與誠意，絲毫沒有任何企圖。人是一種感情動物，他們有可能因為你的言行而突然對你產生一種無法抑制的好感，就像男女間互相吸引那樣，這種情形也不能排除。不過這種情形不會太多，而且你也要儘量避免出現這種情況，碰到突然升溫的友情，寧可冷靜待

之，保持距離，使之冷卻，這樣就不會被燙傷！

2010年8月，劉敏醫生在學校進修，碰到一個叫李晶的女人心臟病發作。救死扶傷為劉敏醫生的信條，她馬上安排搶救，這以後，兩人自然結成朋友。李晶說自己所在的公司給她分了4個股份，每股2500元，三個月後可獲利兩萬，並表示讓兩股給醫生謝恩。此等朋友、此等友情，劉敏醫生不由不信，立即將50000元交給李晶。

第二年春節後，李晶又對劉敏醫生說：「上次股紅沒分，是公司用股紅做了一筆大生意，三個月後每股回報3萬。因為是老朋友，親戚我都沒給，再讓兩股給你，每股3000元。」劉敏醫生又把父親多年積存的60000元交給李晶。

劉敏醫生天天盼分紅，不料，2011年7月的一天，得到的消息是雙方的生意都虧了，劉敏醫生只覺得五雷轟頂。

莫非李晶是騙子？劉敏醫生向警察局報了案。

後來警察局說這叫「殺熟」，一種當前極其普遍的宰朋友的手段。劉敏醫生對「殺熟」這個詞聞所未聞，她不明白朋友之道何以變得這樣險惡。

其實，劉敏之所以會有這種心理，正是因為她沒有掌握好朋友交往的火候。人與人之間需要保持距離，朋友之間更要如此，特別是面對朋友突然對你的感情急劇升溫，對你表現出極度親昵時，你一定要採取一些措施，以防最後出現劉敏遇到的情況。此

時，你可以這樣做：

1. 不推不迎

　　「不推」是指不要回絕對方的「好意」，即使你已經看出對方的企圖，也不要立即回絕，或者當場揭穿，否則你有可能當即得罪他人；但也不能迫不及待地迎上去，因為這會讓你無法脫身，脫了身又會得罪對方。一般來說，對方若對你有所圖，就會在一段時間之後露出真面目。

2. 禮尚往來

　　這是人際交往的一個基本原則，對這種友情，你要「投之以桃，報之以李」。他請你吃飯，你送他禮物；他幫你忙，你也要有所回報。否則他若真對你有所圖，你會「吃人嘴軟，拿人手短」，被他狠狠地套牢。臨事脫逃，恐怕沒那麼容易！

　　與你的朋友保持適度的距離，從而保證自己擁有一個清醒的頭腦，在自主獨立的狀態下與人相交往，去偽存真，從而找到自己真正的朋友。

朋友要有所選擇，不可濫交

「害人之心不可有，防人之心不可無」，我們在人際交往中，一定要懂得保護自己，就是朋友，也要分個三六九等。其原因在於我們沒有必要也沒有時間去和那麼多的朋友交際，更重要的原因在於這是為了保護自己免受傷害。

有的人可能會問，朋友應該相交以誠，那為何還要分個等級？那不是不「誠」了嗎？有這樣一個故事：

有個地方上的名人，朋友無數，三教九流都有，他也曾向人誇耀說他朋友之多是天下之一。有人問他：「朋友這麼多，他都同等對待嗎？」他沉思了一下說：「當然不可以同等對待，要分等級的。」他交朋友都是誠心的，不會利用朋友，也不會欺騙朋友，但別人和他做朋友不一定全都是誠心誠意的。在他的朋友中，人格清高的朋友固然很多，但想從他身上獲取一點利益，心存不軌的朋友也不少。他說：「對朋友懷有惡意，不夠真誠的朋友，我總不能對他推心置腹吧，那只會害了我自己！」

所以在不得罪「朋友」的情況下，他把朋友分成了不同的等級，計有「刎頸之交級」、「推心置腹級」、「可商大事級」、

「酒肉朋友級」、「點頭哈哈級」、「保持距離級」，等等，並根據這些等級來決定和對方來往的親密程度。他說：「我過去就是因為認為人人都是好朋友，受到不少傷害，包括物質上的傷害和心靈上的傷害，所以今天才會把朋友分等級。把朋友分等級聽起來現實無情，但是我認為分等級確實有其必要——為了保護自己免受傷害。」

　　要把朋友分等級其實不容易，其實將朋友簡單分為「可深交級」和「不可深交級」就可以了。可深交的，你可以和他分享你的一切，除了不可告人的祕密，所有的知心話都可以和他說。不可深交的，維持基本的禮貌就可以了。這就好比客人來到你的家裡，真正的客人請進客廳，推銷員之類的人在門口應付應付就可以了。另外，也需要根據對方的特性，調整和他們交往的方式。但有一個前提必須記住，不管對方智慧多高或多有錢，一定要是個好人才可深交，也就是說，對方和你做朋友的動機必須是純正的。不過人們常被對方的背景和身分所迷惑，結果把壞人當好人。因此在和朋友交往是我們一定要睜大眼睛，免得傷害了不該傷害的人，放過了那些對你懷有惡意的人。

　　患難之中見真情。在你困難的時候願意和你交往的人，一般來說都是真正的朋友。因此如果你現在你的人生還不是很如意，那麼沒有必要把朋友分等級，因為你這時的朋友不會太多，還能維持感情的朋友應該不會太差。但當你有成就，手上握有權力和

金錢時，那時你的朋友就非分等級不可，一般說來這時的朋友有很多是另有所圖，必須要睜大眼睛，保持頭腦的清醒。

有人曾經開玩笑說：「朋友就是拿來賣的。」這雖然是一句有些粗俗的玩笑話，但現實生活往往會驗證這樣的話。我們不能出賣朋友，但我們不能因此而放鬆了警惕心，被那些所謂的朋友出賣。

把握「溫度」：與愛人跳一場和諧的雙人舞

　　愛情是一門大學問，對於愛情，不同的人有不同的回答，比如有人常說的「愛情是寬容」、「愛情是責任」、「愛情是兩個人不離不棄地在一起」，等等。但無論如何，愛情都需要經營，很多人終其一生無法知曉如何經營愛情。

　　經營不是一個人的盲目主動，而是雙方的行為。準確說來是兩個人之間互動溝通，用心去維持現有的愛情。愛情的經營是在一次次的歷練、一次次的磨合中不斷累積的修養，需要用心去對待，理智地行動。

　　本章主旨在於教會你如何更好地愛人，更重要的在於教會你懂得愛情的真諦。

NO.35

與戀人初次交談的祕訣

　　第一次同戀人交談是需要技巧的，它直接決定你們以後感情的發展。這是一門複雜的學問，那我們該如何與戀人交談呢？

1.同「搭橋式」戀人交談

　　一般來說，經人介紹，發生戀愛關係的雙方，大多是些戀愛無方、忠厚老實、性格較內向的人。赴約相見的時候特別容易忐忑不安。但是，初次見面不能羞羞答答，更不應木訥寡言，而應該落落大方，主動啟齒。

　　這時，該如何展開交談呢？

　　先談些閒話，進而轉入正題，開門見山、有所修飾地自我介紹一下，諸如年齡、工作、脾氣、嗜好、家庭狀況，以及對未來的嚮往，等等。接下來說些雙方都熟悉的或感興趣的事。對於感情方面的表白，可委婉、含蓄些，留有一定的迴旋餘地。交談的內容，必須注意對方的理解能力和接受能力，不然，對方就難以明白你的意思，甚至產生不必要的歧義。如果認為自己是看上他（她）了，那麼，就可直言不諱地說：「我覺得今天與你認識

很愉快，你呢？」如果雙方或一方需要有待進一步認識和考慮，那你可以說：「我希望我們的談話以後能繼續下去……你有這個意思嗎？」如果雙方或一方感到不滿意，可以委婉地表示：「讓我們都慎重地考慮考慮吧……」或者說：「我將徵求我父母的意見……」以此作為託辭，努力避免不滿情緒的流露，保持交往的禮儀，互相尊重。

2. 同「一見鍾情式」的戀人交談

俄國詩人普希金的長篇小說《葉甫蓋尼‧奧涅金》中，女主角達吉雅娜是個樸素熱情、富於幻想、熱愛自然的女孩，她見到男主角奧涅金後就立即愛上了他，並大膽地寫詩向他表白，詩中寫道：

我知道，你是上帝派到我這裡來的，

你是我的終身的保護者，

你在我的夢裡出現過，

雖然看不見，你在我面前已經是親愛的。

達吉雅娜見到奧涅金，真可謂是「一見鍾情」。

由於人們的個性不同、職業各異、文化修養和氣質有別，因此同一見鍾情的戀人進行第一次交談，也沒有固定的模式，表達方式、言談內容都不盡相同。但總體的原則是：在理想上要談得遠些；在學識上要顯得渴求些；在心靈上應流露得美好些；在感

情上要表達得豐富些；在語氣上要表現得謙虛些；在情態上要表現得誠懇些；在情愛上要表達得含蓄些。

如能這樣，同戀人的初次交談定會立於不敗之地。

平時人們所說的「一見鍾情」的愛戀，是由雙方的直覺感官產生的，是由對方的形象、印象引發的，如外貌、風度、言談，等等，男女雙方的「情」就產生於「一見」之際。

把握「溫度」：
與愛人跳一場
和諧的雙人舞

戀愛中，女人的愛情策略

　　愛情有的時候就像是一場戰爭，要想贏得最後的勝利不單只是看實力，很多時候靠的是一些小小的計策。下面就為女性朋友們介紹一些小策略：

1. 給對方一些巧妙的暗示

　　當妳對某個男性產生好感的時候，可以巧妙地給他一些小小的暗示，讓他覺得自己是受妳重視的。這樣做了之後，即使他一開始根本沒有注意過妳，但是當他接到這樣的暗示之後，或多或少地，他都會開始考慮妳和他的可能性，而當他發現妳有不少優點的時候，他就有可能對妳動心了。

2. 適當地擺擺架子

　　當他開始追求妳的時候，就表示他對妳已經有好感了。但是男人都有一個通病就是，太容易得到手的東西，他們往往不會珍惜。所以，在他追求妳的過程中，妳可以適當地擺擺高姿態。不要每次他約妳出去妳都興高采烈地答應他，這樣會給他一種占上

風的感覺。要把他的氣勢壓下去，偶爾拒絕他幾次，給他一種若即若離的感覺，這樣就可以把他的胃口吊起來，讓他覺得心癢癢地，約不到妳的時候若有所失，約到了妳之後就會欣喜若狂。

3. 偶爾給他一些小小的驚喜

高姿態玩了一段時間後，他開始為妳患得患失，如果這種狀態長期繼續下去，他肯定會因為筋疲力盡而有些厭煩。在這個時候，就需要偶爾地給他一些小小的驚喜。妳可以主動地與他聯絡，最好的頻率是在他約妳三次之後，妳再與他主動聯絡一次。這樣的做法，既不會讓他覺得自己輕易得手，又不會讓他因為長時間的單方面努力失去信心而放棄。

4. 用妳的溫柔迷惑他

不管妳在別人面前是以一個什麼樣的形象出現，當妳和他在一起的時候，千萬別忘了展露妳溫柔的一面。這種溫柔可以是一杯熱熱的咖啡，可以是一句安撫的話語，也可以是妳插在他臂彎裡的手。總之，戀愛中的妳，不要總是做司令官，有的時候，也需要配合他的腳步，做一個聽令者。

5. 用妳的才華征服他

雖然男人們在第一眼的時候會被女人的美貌所迷惑，會在剛

開始的時候忍受美女們的無知與膚淺。但這並不代表他們願意和一個腦袋空空的女人在一起過一輩子。時間久了，再美也有看膩的時候，這個時候，妳的才華就派得上用場了。如果妳不具備任何美色，最起碼也要熟讀每週時事與笑話大全，並在最恰當的時候現現寶，讓別人也領教妳的特殊才華，讓他覺得有妳這樣一個女朋友是一件很有面子的事情。

　　以上的幾點計策，可以說是愛情祕笈的精華所在，瞭解男人的心態，對症下藥，在愛情戰爭中具有非凡的功效。

　　世上沒有免費的午餐，當然也沒有什麼都不用做就能安事的愛情。要想牢牢抓住一個男人的心，非得做足準備不行。

女性在戀愛時不該犯的八種錯誤

戀愛中的女人，雖然讓人難以捉摸，但是有些舉動確實是不合時宜。以下幾點是女性朋友在戀愛中堅決不能犯的錯誤：

1. 太快投入

當妳與他初相識之後，不要期望每個週末都可以與他共度，或是堅持向他提供意見，重新佈置他的家居。不要心急，你們還未結為夫婦呢！

2. 太早認定對方

想與男朋友分手的最快捷方法，就是告訴他妳愛他，妳要為他生很多孩子。他的反應多半是逃得無影無蹤。妳應該讓感情自然地發展才對。

3. 打扮過分誇張

誇張的衣服應該出現在誇張的場合，例如運動方面。不要穿著金光閃閃的迷妳裙去玩運動類的活動。

很多女性為了表現自己最好的一面，往往會塗上很多化妝品，有時也是為了要掩飾內心的彷徨。但大多男人都認為素淨天然的臉要比人工加工過的理想得多。大家要記住，少許化妝品已足以突出妳的魅力。

4. 說話太少或太多

進行最初的幾次約會時，妳可能會感到害羞或心情緊張，他的感受也跟妳差不多。偶然主動一些，不要讓他一人自問自答。妳可以多問一些無關痛癢的問題，例如，「你覺得這份湯如何」或「你的日常工作包括些什麼」，這些都有助於打破僵局，使你們相處的氣氛更融洽，而且可以讓他感覺到妳對他感興趣。

但是，不要以為你們一定要不斷持續談話。沉默是金，即使你們都很渴望能互相瞭解，也用不著在最初幾次約會裡就將一生的經歷如數家珍般道出，沉默往往是女性的魅力之一。

5. 故弄玄虛

做一個坦誠的人，才有機會建立一種誠懇真摯的感情。如果妳真的渴望對方約妳，就不要故作冷傲。男人對於矯揉造作的女性會失去耐性。妳並不是在演電視劇，而是生活在現實生活裡。

6. 過於專橫

　　如果他問妳喜歡在哪裡吃飯，就要告訴他。但不可企圖控制整個約會的流程。問問他的意見。選擇一些大家都同意和喜歡的事情去做。

7. 太注意他的錢

　　如果妳點了一份龍蝦晚餐，並且告訴他妳最喜歡的禮物是鑽石的話，就盡情地吃這一頓吧，妳將不會再次見到他。不管一個男人多麼富有，也不會喜歡別人告訴他如何花費，或是將錢花在誰的身上。

8. 一哭二鬧三分手

　　哭是可以的，還有一定審美價值；鬧就稍過了點，不過，也有可愛之處；最低級的是言必及「分手」，磨刀霍霍，殺氣騰騰，其實喊「狼來了」僅是作秀，但令人不勝其煩。「假戲」有時會讓男人「真做」的，男人最吃不消女人的脅迫。

9. 「到底是朋友重要還是我重要」

　　一旦戀愛，男人就失去了自由。如果男友正與他的哥們玩或喝酒，沒及時去女友家換燈泡，那是一件極其嚴重的事，因為在父母面前丟了面子！為了顯示其「第一的」地位，總喜歡獨霸男

友，讓他眾叛親離，做個孤家「愛」人！事實上，男友對妳有多麼在意，他也需要朋友。

在日常生活中我們常會看到，頗有姿色的女人，很難找到條件不錯的男朋友，不少女性戀愛時都是如膠似漆，卻總是缺最後走上婚禮殿堂的臨門一腳。都說戀愛不容易修成正果，為什麼呢？希望以上這些錯誤舉止能給女性朋友帶來些警示！

在女友需要時，適當地給予安慰

當女人心情不好時，最需要的就是男人的愛，因此，男人一定要用適當的語句給予安慰，千萬不能慌不擇言，讓對方有火上加油的感覺，下面就一些比較具體的場景加以介紹。

1. 當女友心煩意亂時

這是，女人會開始抱怨她的生活，男人只要傾聽她的抱怨，別拒絕她。等她說完她所必須做的事後，男人別幫她尋求解決方案，她真正需要的是讚美。

如果她說：「我沒時間出去，我有好多事要做，做不完了。」

這時，男友不能說：「那就別做這麼多事，妳應該好好休息，放鬆一下。」

而是應該說：「妳真的有好多事要做。」然後，體諒地聽她細說每一件事。聽她說完後，主動問她是否需要幫忙。

2. 當她擔心男人不夠愛自己時

她可能會開始問很多問題，有的關於他們之間的關係，有的則是關於他的感覺。例如他有多愛她，或他覺得她的身材如何等問題。這時候，不需要為這些問題尋求理智的答案，因為她只是想確定一些事實罷了。

例如，如果她說：「你覺得我胖嗎？」

男友不能回答：「是啊，妳是沒有模特兒的身材，可是模特兒都是餓出來的。」或「妳不需要這麼苛求自己，我不在乎妳的身材。」而是應該說：「我覺得妳很美，而且我喜歡這樣的妳。」然後給她一個擁抱。

如果她說：「你覺得我們相配嗎？你還愛我嗎？」

男友不該說：「我覺得我們還有些方面必須再溝通。」或「妳還要問幾次？這個話題我們已經討論過了。」

而是最好這樣說：「是啊，我好愛妳。妳是我生命中最特別的女人。」或「我越瞭解妳，就越愛妳。」

3. 當她覺得怨恨時

通常，當女人心情愉悅，她會付出更多，同時也希望得到更多的回報。當她發現她付出的遠比她所獲得的要多，而且她心情正好又處於低潮時，她會產生怨恨的感覺。而對象有可能是她的伴侶、工作、生活、父母甚至交通狀況或其他對象。男人在這時

候千萬別指責她的想法太負面或不講理，也不要嘗試立即把她從這些情緒中拉出來。

如果女友說：「我討厭我的主管，他對我的要求太多了。」

男友千萬別說：「他可能不知道妳已經做了很多事了，他只是希望妳能有最好的發揮。」或「妳應該告訴他妳的負擔夠大了，直接拒絕他。」

你可以說：「他不知道妳做了這麼多事，他到底想怎樣？」然後，聽她抱怨。

如果一個女人因為某件事而產生怨恨的感覺，她最不希望的就是對方將那件事看得一點也不重要，反而認為她小題大做。她需要的是把事情說出來，發洩一下她的情緒，希望對方跟她站在同一陣線上。這也就是親密關係的意義所在，她希望對方是她的親密盟友。

男人們要記住，女人希望與男人分享完全的自己，需要知道自己是被深愛著的。

與女友發生衝突的解決方法

　　戀愛中，和女友不免會因為一些問題而發生衝突，比如女朋友要求男友太多，包括工作、生活、交友以及對她的態度，等等！男人有些應接不暇，有一句話惹了她，女友就會生氣、發脾氣。面對衝突，男人該怎麼辦？以下幾種方法可以為你解決衝突的問題：

1.用「傾聽」和「沉默」對付無理取鬧

　　時常有男人因女人的無理取鬧，自己百般勸解仍無法制止而大傷腦筋。其實，應付這種場面的最好辦法就是只聽不說。

　　當你停止解釋而傾聽她說時，女人可能因為發覺你在專心聆聽，從而說得越來越起勁。可是當這種一面倒的情勢一直繼續下去的時候，女人就會因此突然感到不安，因而用「你認為怎樣？」「是不是？」之類的發問來試探你的反應，而這時的你要注意，千萬別中了女人的「詭計」，否則就會前功盡棄——你得裝出一副思考的姿態，繼續保持沉默。女人可能會因你頑固的沉默而更憤怒，也可能以為你沒聽懂她的話，於是繼續喋喋不休下

去。但你最正確的反應，依舊是「傾聽」、「沉默」。

經過反覆傾聽、沉默這麼一大段時間，她的頭腦會逐漸冷靜下來，會進行自我反省，會覺察到自己是無理取鬧，於是偃旗息鼓。

2. 對難以回答的問題用迂迴戰術

「工作和我，哪一個對你重要？」男子最怕女人提出這類問題。反過來說也一樣，女子若想叫男人瞠目結舌，結結巴巴講不成話，只要多提這類問題即可。

一個人的生活有許多個層面。工作和妻子，對男人來說，屬於不同的生活層面。屬於不同層面的東西是無法加以比較的。其中的道理，女人其實也知道，但她還是要問。與其說她是在詢問男人的選擇，不如說是在向男人提出「你對我不夠好」的抗議。

女人提出這類略有點「胡鬧」色彩的問題，通常在情緒紛亂或波動較大時居多，所以想純粹用道理去說服她，似乎也不大可能，不如引導她儘量說出想說的話，將內心感情宣洩一下。等她發洩過後，頭腦冷靜了，再對她說：「妳當然對我很重要。」明白告訴她你充分承認她的存在價值之後，再鄭重地說，「正因為妳很重要，所以我更要努力工作，開創我們美滿的未來。」以這種模稜兩可的說法暗示她，自己實際上無法決定哪一樣比較重要。這該是一種機敏的做法。

3.巧妙轉移話題以糾正似是而非

在男人眼裡，女人有些理論根本不成其為理論。比方說：「因為不要，所以不要。」「不行，我提不起精神。」「不是告訴過你不行了嘛，還要我怎麼說？」諸如此類無法應付的理論，男人往往覺得棘手，因為如果再逼一步，女人們便會以發怒、哭泣、不理睬等行動表示抗議。

女人這類舉止，是心理學上所說的「退化現象」，即回到了心智發育尚未成熟的階段。陷入這種情景中的女人，會重現幼兒自我中心的心理特性，這時，空洞的講理或進攻性的強硬姿態都不會奏效，甚至使事情更僵，所以得用其他方法。

消極些的辦法是退一步耐心地等待，留給女人將感情發洩的時間。積極的辦法則是設法改變話題，或者改換談話場所，讓談話氣氛改變一下，有助於女人心理障礙的克服。

4.過分的「彌補」反而招致反感

有男人抱怨：「現在的女孩子真不好應付，罵她吧，她會一直跟你鬧彆扭；對她臉色稍好些，她又會趾高氣揚。」其實，女人的這種習性一直存在，從古至今，男人一直都為女人這種難以捉摸的脾氣而傷透了神。

比如，你昨天將一位女人很厲害地斥責了一頓，事後想想有點過分，於是今天見到她時，低聲下氣安慰她，並處處對她讓

步。而這種做法不但不能使那女人接受你補償性的特別待遇，反而使她狐疑滿腹：「他為什麼對我這麼好？一定是昨天罵錯了，心虛，所以今天才來討好。」於是心中反感頓生，不願接受男子的道歉。

女人挨了罵，固然會產生怨恨，但若對方罵得有理，女人也會出自一種願意接受男性主宰的本能而心悅誠服。這時的男人如果因為內心有些歉疚而改變態度，就等於取締了女人表示服從的機會，結果反而因為行為缺乏一貫性而失去女人的信賴。

遇到這類情境，男人完全可以瀟灑一點，做出一副壓根忘了那回事的樣子，言行舉止仍和平日一樣，就可以使女人很快忘掉昨天曾有過的不快。

學會道歉與原諒

　　男女間愉快地相處，從戀愛到到順利地訂婚、結婚，必須練習兩大技巧：道歉與原諒。這兩種技巧就像飛鳥的雙翼，沒有它們，愛的飛鳥就無法飛翔。

　　每個男孩都有過向女友道歉的經歷，一不小心說錯話或者不小心的一個舉動都有可能導致女友的不高興。那麼向女友道歉的時候應該注意什麼呢？怎樣向女友道歉才會讓女後原諒自己的呢？

1. 先說你很抱歉

　　當你先說你很抱歉的時候，表示你願意開放你的耳朵聽她的抱怨。簡短地向她說你抱歉的原因，不要做任何解釋，越簡短效果越好。

2. 認真傾聽她的反應

　　當你說抱歉，表示你關心她的感受，願意聽她表達她的感覺。一旦她表達完了，千萬不要想解釋或和她爭辯。如果她還有

更多話要說，就讓她說個夠，如果沒有，就可以採取第三個步驟。我們知道聽女人抱怨不是件容易的事，只要你盡力而為就好，畢竟一時的忍耐可以避免幾個禮拜的不愉快。當女人心情不好，她希望對方能夠瞭解那種感覺。

3. 用負面形容詞進行解釋

當你犯錯了，請記得用負面形容詞描述你所犯的錯。以下是幾個以負面形容詞描述的例子，讓我們看看女人會有什麼樣的感覺。

當你說：「很抱歉我遲到了，我真是太不體貼了。」

她會覺得：「沒錯，你真的很不體貼。既然你知道我的感覺，我心裡就好過多了。只要不是每次都遲到就好了。你不需要凡事完美，只要你能想到我在等你就好，沒什麼，我原諒你。」

當你說：「很抱歉你在宴會中受到冷落，都是我太不體貼了，這是很糟糕的事。」

她會覺得：「對啊，你真是太不體貼了，但是你能夠瞭解就表示你不是真的那麼糟糕。我想你並不是故意要在宴會中冷落我的，我願意原諒你。」

當你說：「我很抱歉說了不該說的話，我太容易生氣了。」

她會覺得：「你太生氣了，所以根本聽不進我說的話。我想我也有錯，至少他是在乎我，所以試著聽我說話，我應該原諒他。」

把握「溫度」：
與愛人跳一場
和諧的雙人舞

在以上幾個例子當中，男人用幾個負面形容詞：不體貼、容易生氣的、糟糕的。女人對於男人用這些形容詞來道歉，永遠不嫌煩。就像男人聽到：謝謝你，很有道理，好主意，感謝你的耐心這些句子，也永遠不嫌煩一樣。

男人必須使用適當的字眼向女人道歉，才會奏效。而女人在原諒男人時也是有方法的。以下是一些例子：

當他說：「很抱歉我遲到了，我實在太不體貼了。」

妳應該說：「沒關係，下次再打電話給我吧！」

當他說：「很抱歉妳在宴會中受到冷落，都是我太不體貼了，這是很糟糕的事。」

妳應該說：「沒什麼，只要知道你不是故意的就好了，我相信你會補償我的。」

當他說：「我很抱歉說了不該說的話，我太容易生氣了。」

妳應該說：「謝謝你，你不需要說這些，你能試著去瞭解我的想法，我就很感激了。」

當一個女人以上述表達方式原諒對方，可以避免激怒男人，並使他更有責任感、更體貼她的需要。

如果男人的道歉都能得到對方的原諒，他會越變越體貼。而女人如果能夠體會寬容原諒的力量，她可以拋開那些使她怨恨的小事，不讓這些不滿在她心中累積，反而會更關愛對方。

夫妻吵架時不能傷害感情

在日常生活中，我們有時會遇到夫妻吵架的情形，夫妻吵架無輸贏之分，誰是誰非不可能明明白白。有時只不過是做某一個「選擇」，而這個「選擇」往往來自一方的讓步。

懂得了吵架的藝術，夫妻就能雖吵猶親，愛情的關鍵也將越來越緊。那麼，怎樣才能做到這一點呢？

1. 允許對方偶爾生氣

如果你認為彼此間愛慕的一對夫婦也不免會有嫉妒、煩惱和生氣的事情發生的話，那麼當這些情緒來臨時，你就不會驚慌失措，因為這並不意味著他或她已經「沒有感情」了。也許你的配偶是因為老闆的緣故而情緒低落，沒有向你表示纏綿之情，但即使這暫時的不快不是你的過錯，你也應該問：「親愛的，我做了什麼事惹你生氣了嗎？」如果回答是否定的，你可以再問：「那麼，我能為你分憂嗎？」如果對方不需要，你就不必打擾。要知道，這些問候是你給予的最好的安慰。

2. 以冷對熱

以冷對熱的關鍵，就是你吵我不聽。在一方感情激動、控制不住自己的時候，任他發火，任他暴跳如雷，不去理睬他。「一隻巴掌拍不響」，一個人吵，就吵不起來，等他情緒平和以後，再和他慢慢說理，他就容易接受。

3. 說話要有分寸

即使忍不住爭吵，說話也要有分寸，不能說絕情話，不能譏笑對方的某些缺陷或揭對方的「傷疤」。更不能在一時氣憤之下，破口大罵，不計後果。比如，有的人吵架時言語不留餘地，常說出「你是不是問得太多了」、「我要你怎麼幹就怎麼幹」、「你受不了可以走」，等等，這類話咄咄逼人，很容易引發更大的衝突。

4. 主動退出

不少夫妻在爭吵過程中，總有一種心理，就是都要以自己「有理」來壓服對方，結果誰也不服誰，反而越說越有氣。其實，夫妻之間的爭吵。一船沒有什麼原則問題，許多是是非非糾纏在一起，也不易分清，特別是在頭腦發熱、情緒激動時更不易講清。如果爭吵到了一定時辰和一定程度。發現這樣下去還不能解決問題，那麼有一方就要及時剎車，並提示對方休戰了。這並

不是屈服、投降，而是表示冷靜、理智。

　　夫妻爭吵有必要控制好「分寸」，即使在最衝動的情況下也不要超越這個界限。這裡要注意以下幾點：

1. 不揭短
　　一般說來，夫妻雙方十分清楚對方的毛病和短處。比如，對方存在生理缺陷，個子小，不生育，或有過失足等。在平時，彼此顧及對方的面子而不輕易指出。可是一旦發生爭吵，當自己理屈詞窮、處於不利態勢時，就可能把矛頭對準對方的短處，挖苦揭短，以期制服對方。有道是「打人莫打臉，罵人不揭短」，人們最討厭別人惡意揭短，這樣做只會激怒對方，擴大衝突，傷及夫妻感情。

2. 不翻舊帳
　　有的夫妻爭吵時，喜歡把過去的事情扯出來，翻舊帳，將陳芝麻爛穀子作為證據，歷數對方的「不是」和「罪過」，指責對方，或證明自己正確。這種方式也是很愚蠢的。夫妻之間的舊帳很難說得清，如果大家都翻對自己有利的那一頁，眼睛向後看，不但無助於解決眼下的衝突，而且還容易把問題複雜化，新帳舊帳糾纏在一起，加深怨恨。夫妻爭吵最好「打破盆說盆，打破罐

說罐」，就事論事，不前掛後連，這樣處理問題，才容易化解眼前的衝突。

3. 不涉及親屬

　　有的夫妻爭吵時，不但彼此指責，而且可能衝出家門，把對方的老人、親屬也捲進來。如說「你和你爸一樣不講理」、「你和你媽一樣混帳」……如此把爭吵的矛頭指向長輩是錯誤的，也是對方最不能容忍的。總之，夫妻爭吵只要把握好了度，就不會傷及感情，雨過天晴後，兩人又會和好如初。

　　當夫妻因事發生衝突出現冷戰局面時，到一定程度就要有一方首先打破沉默，這時另一方就會響應，夫妻握手言和，重歸於好。打破沉默、消除冷戰的方式有以下幾種：

1. 認錯求和

　　如果一方意識到發生衝突的主要責任在自己，就應主動向對方認錯，請求諒解。如：「好了，這事是我不好，以後一定要注意。這件事是我考慮不周，責任在我，我賠不是，你就不要生氣了，氣出病來，可不划算！」對方聽了，一腔怒火也許煙消雲散。退一步說，即使錯誤不在自己一方，也可以主動承擔責任。

2. 幽默和解

開個玩笑是打破僵局的最佳方式。如：「我說，你看世界上的冷戰都結束了，我們家的冷戰是不是也可以鬆動一下？」「瞧你的臉拉那麼長幹什麼！天有陰晴，月有圓缺，半月過去了，月兒也該圓了吧！女人不是月亮嗎？」對方聽了多半會「多雲轉晴」。

只要一方能針對衝突的具體情況，採取相應的社交方式，巧用言語，就可以儘快打破僵局，家庭生活會恢復往日的歡樂與和諧。

積極化解衝突夫妻間的衝突

　　衝突出現了，該怎樣化解呢？衝突的化解藝術並非人人都能掌握，弄不好家庭的破裂就會由小小的衝突而產生。我們應該設法找些解決衝突、恢復關係的辦法。

1. 多忍讓

　　夫妻間的爭吵、衝突常由小事引起，不一定非斷出個是非，聲音大點態度硬點，就算把對方壓下去了，又哪裡會贏得喜悅？態度溫和，語調低緩，或者乾脆不吭氣，以沉默相對。對方發洩無目標，也就氣焰減弱，吵不起來了。

　　沈美娟一次因外出聽課，匆忙中未把家中火爐封好。等她回來，已經很晚了，孩子放學後連飯都沒吃，就餓著肚子趴在桌上睡著了。丈夫比她早一步到家，見家裡冷鍋冷灶，頓時火冒三丈，見她進門，劈頭蓋臉罵道：「在家裡就像個活死人，連火都看不住。」

　　沈美娟沒有火上加油，而是平和地笑著嚷道：「你火什麼？火再大，也點不著爐子。」

一句話，他臉上的肌肉鬆弛了，覺得自己有些過分，忙做出了友好的表示：「所以我才不離開妳呀！」

在家庭生活中，總會遇到一些衝突。尤其在夫妻雙方都很忙碌、很疲勞的時候，發脾氣是常見之事。這種情況下，多忍讓可以避免許多無謂的爭吵。

2. 常說理

爭吵起來，常忘了說理，無理爭三分，得理不讓人。如果能穩定一下自己的情緒，心平氣和地講道理，對方的情緒不再被激怒，所講的道理就能入耳了。

3. 少發洩

窩在肚裡的怒氣一直憋著並不好，適當的發洩可調節情緒。任意地無節制地發洩，就讓對方難以接受；一般說來，自我消怒和轉移消怒，或注意力轉移，比發洩怒氣要好。

4. 與其嘮叨抱怨，不如稱讚對方

拿破崙的侄子拿破崙三世的婚姻悲劇是世人皆知的，他的婚姻、愛情就葬送在妻子尤琴永無休止的嘮叨上。可是當初，拿破崙三世愛上這位美人時，曾經是多麼自豪啊。在一篇皇家文告中，他說：「我已經選上了一位我敬愛的女人，我從沒有遇見過

這樣迷人的女人。」尤琴，這位全世界最漂亮的女人終於成為法國皇后。但是，尤琴致命的弱點毀了她。她在丈夫面前，總是百般挑剔，喋喋不休地批評他，指責他的種種不是，因身邊發生的一點小事就絮絮叨叨沒完沒了。她十分嫉妒，既看不起丈夫，又嫉妒別的女人，每天像中了邪一般人前人後數落丈夫的缺點，終於，拿破崙三世忍受不了妻子的「精神虐待」，逃出家門去和情人幽會……

聰明的妻子不會透過抱怨和嘮叨使丈夫難堪和厭煩，相反，她能夠使別人注意到丈夫的長處，還能將丈夫的缺點減低到最低的限度。她們稱讚自己的丈夫，誇耀丈夫的特長，表揚丈夫的優點。

人都有一種傾向，就是依照外界所強加給的性格去生活。假如不斷讚美你的丈夫，那麼在無意間，他就會表現出超常的磁力。因此，每個妻子對自己丈夫的稱讚，都是對丈夫的一種鼓勵，這比直接「教訓」的言語，更能推動他盡力去把事情做好。

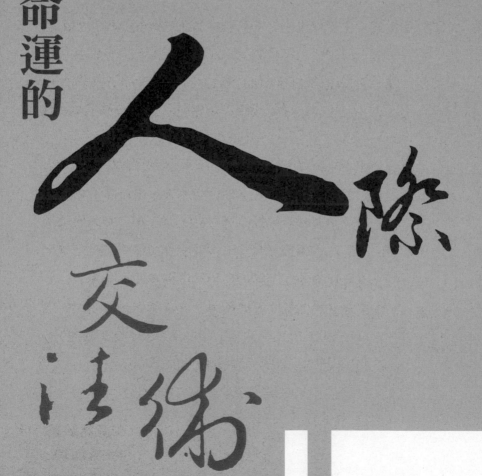

Human
communication
can
change
everything

改變

百萬人命運的

人際

交流術

培養社交能力：設計出你的黃金人脈

2006年，丹尼爾‧戈爾曼提出了「社交力」的感念，他認為，「社交力是一種基本生存能力，將決定你的心智表現，決定你一生的走向與成就。」「如果在職場中有智商決定是否錄用，情商決定是否升遷，那麼社交力則可以說決定著你職場內外的生活品質。」

社交力不像智商是先天帶來的，也不像情商需要漫長的改造期，社交力的提高可以是突飛猛進的。它可能就成就於你在聚會上的一次大膽發言，對陌生人的一次主動問候，或者對身邊朋友的一個小小幫助。你可能外表平凡，學識有限，從本章的學習開始吧，但也可能成為社交場上的萬人迷。

NO.43
如何選擇社交活動地點與時間

　　任何社交活動都必須有一個社交地點為據點，而社交地點又無時無刻不在影響著社交活動的成敗。但是社交地點的選擇，也是社交中一個不大不小的難題。

　　地點的選擇也是組織社交活動的必備要素，也是有一定規律的，如洽談商務通常會選擇在比較高級的酒店，好朋友聚會常常會選擇在比較熱鬧繁華的地段。也就是說，要根據所安排的社交活動選擇好社交地點，這一點不容忽視。社交地點的選擇確是人際交往中的一道難題，那麼，我們怎樣選擇合適的社交地點呢？

1. 選擇的社交地點最好是自己所熟悉的地方

　　一般來說，社交地點最好選擇在自己所熟悉的地方。因為人們通常在自己熟悉的地方與人交往沒有什麼拘束感，在心情上也能感到放鬆，容易獲得主動權，也能夠充分地向對方展示和推銷自己，並在社交活動中占據有利地位。當然，有一種情況比較特殊，如男女第一次約會，這時候地點的選擇則要更加慎重，最好是選擇在女方比較熟悉的地方，如女孩本身愛看書，可以相約到

書店逛逛，之後吃甜點。

2. 要選擇二人之間的一個中間點

有時候，兩人的距離相距較遠，那麼，可以取兩人之間的一個中間點，將社交地點選擇在一個相對兩人來說都能較快到達的地方。這樣彼此都會比較方便，更利於社交活動的展開。

3. 選擇地點要因人、因事、因時而異

不同的事、不同的時間，可供選擇的地點也不盡相同。它的選擇是有條件的、辯證的、可以變化的。如雙方的身分對等，可以像前面說的那樣選擇自己熟悉的地方進行交往，這樣選擇的地點不至於讓對方造成屈就感和壓抑感。但如對方是老人、長者、女士，從情理上講，讓對方選擇或是選擇對方熟悉的地方，更能表現誠意和尊重，這也是良好社交的開端。

雖然說選擇合適的社交地點是道難題，但是只要平時多加留意，學習選擇社交地點的各種技巧，這一問題也就能迎刃而解了。

除了地點，社交還與時間密切相關，這不僅是因為任何的社交都必須在一定的時間內進行，而且更因為能否恰當掌握社交時間對交往效果有著重要的影響。因此，想要進行成功的社交，就

要善於安排社交時間。

　　與人交往，守時是必需的。此外，由於現代社會中，人們的交往日趨頻繁，對社交時間的需求也相應增多。而每天的時間是有限的，因此能否恰當掌握社交時間對交往效果有著重要的影響。那麼，如何能在日常社會交往活動中選擇最佳時間呢？

1. 掌握社交時間的最佳度

　　與人交往，見面時的問候寒暄是不可少的，但也不宜過多，應及時轉入正題，要掌握好這個程度。這是因為，在一定時間範圍內，人們的頭腦清晰，注意力集中，反應靈活，這時的效率也最高；超出了一定的時間範圍，便會筋疲力盡，效率下降。

2. 及時結束交際活動

　　如果客人確有告辭之意，不必為了顯示熱情而拼命挽留對方。否則，一旦對方不好意思立刻離開而留下來，再開始的談話也很難有實質性的意義了。所以如果你是客人，要適時地結束拜訪。

3. 運用同時與多人交際的技巧，濃縮交往活動

　　有時候，為了高效率地利用交往時間，可以把交往目的、內容相同的交往對象聚在一起。幾個人聚在一起，容易使氣氛活

培養社交能力：
設計出你的
黃金人脈

躍、話題廣泛，有利於節省時間、提高效率。不過，這樣也會給主人增加接待難度，因此要提前做好準備，避免到時手忙腳亂，顧此失彼，招待不周。

　　社交中的守時問題、時間安排問題是我們在平常交往中經常遇到，又容易出問題的難題，所以，在交往不斷擴大的今天，正確掌握運用社交時間的技巧，合理安排社交的時間，對於提高社交效率和社交品質，都起著不可忽視的作用。

NO.44
儲備資料，用閒談開始交談

　　一般的交談總是由「閒談」開始的，說些看來好像沒有什麼意義的話，其實就是先使大家輕鬆一點，熟悉一點，造成一種有利交談的氣氛。

　　當交談開始的時候，我們不妨談談天氣，而天氣幾乎是中外人士最常用的普遍的話題。天氣對於人生活的影響太密切了，天氣很好，不妨同聲讚美；天氣太熱，也不妨交換一下彼此的苦惱；如果有什麼颱風、暴雨或是季節流行病的消息，更值得拿出來談談，因為那是人人都關心的。

　　除了天氣之外，還有些常用的閒談資料，例如：

1.自己鬧過的有些無傷大雅的笑話

　　例如，買東西上當啦，語言上的誤會啦，或是辦事擺了個烏龍啦等等，這一類的笑話，多數人都愛聽。如果把別人鬧的笑話拿來講，固然也可以得到同樣的效果，但對於那個鬧笑話的人，就未免有點不敬。講自己鬧過的笑話，開開自己的玩笑，除去能夠博人一笑之外，還會使人覺得自己為人很隨便，很容易相處。

2. 驚險故事

特別是自己的或朋友的親身經歷的驚險故事，最能引起別人的注意。人們的生活常常不是一帆風順的，每天大家照常吃飯，照常睡覺，可是忽然大禍臨頭了，或是被迫到一個很遠的地方，路上可能遭遇到很多危險……怎樣應付這些不平常的局面，怎樣機智地或是幸運地在間不容髮的時候死裡逃生，都是一個人永遠不會漠視的題材。

3. 健康與醫藥

談談新發明的藥品，介紹著名的醫生，對流行病的醫療護理，自己或親友養病的經驗，怎樣可以延年益壽，怎樣可以增加體重，怎樣可以減肥……這一類的話題，不但能吸引人的注意，而且實在對人有很大的好處。特別遇到自己或家人健康有問題的時候，假如你能向他提供有價值的意見，那他更是會對你非常感激的。事實上，有哪一個人、哪一個家庭沒有這方面的問題呢？

4. 運動與娛樂

夏天談游泳，冬天談溜冰，其他如足球、羽毛球、籃球、乒乓球，都能引起人們普遍的興趣。娛樂方面像盆栽、集郵、釣魚、聽唱片、看戲，什麼地方可以吃到著名的美食，怎樣安排假期的節目……這些都是一般人有興趣的話題。特別是有世界著名

的音樂家、足球隊前來表演的時候，或是有特別賣座的好戲、好影片上演的時候，這些更是熱鬧的閒談資料。

5.政治和宗教

這兩方面的問題，倘若你遇到的人，大家在政治上的見解頗為接近，或是具有共同的宗教信仰，那這方面的話題，就變成最生動、最熱烈、最引人入勝的了。

當然，人人都喜歡笑話，假如你構思了大量各式各樣的笑話，而又富有說笑話經驗的話，那你恐怕是最受人歡迎的人了。

讓別人感覺你「可以信賴」

　　在社交中，一旦讓別人感覺你「可以信賴」，那麼你們的交往一定可以順利進行，一個可以讓人信賴的人往往能成為社交寵兒。那麼，如何才能讓別人感覺你「可以依賴」呢？

1. 不要刻意隱藏缺點

　　人都說，一個處處惹人喜歡、事事滴水不漏的人不是聖人，就是虛偽的人，確實，金無足赤，人無完人，一個人不必時時表現完美，做人將自己的缺點明白地表示出來，往往會得到別人的信賴。當然，這並不是說要將自己的缺點一五一十地全都說出來，這樣做不但得不到上述的效果，反而會起到破壞自己形象的反面效果。

　　那麼，應該怎麼做效果才會最好呢？我們可以稍稍透露自己的某些無關緊要的缺點，但不能太多。有少許小缺點的人，給人的感覺往往是「雖然有少許缺點，但大體上很好」。這樣的人不會讓大家覺得他是神，或者不折不扣的壞蛋，而是一個可以親近、可以交往、可以信賴的普普通通的人。

2. 勇敢地說「不知道」

一般人都不想讓別人小瞧自己，所以很難開口說「不知道」。但有時承認自己不知道反而可以增加別人對我們的信任。因為直截了當地表示自己不知道，會給人留下非常誠實的印象，並且其敢說不知道的勇氣也是別人所佩服的。因此，對於這種人所說的其他答案，別人會認為一定是在他確實知道的情況下才會說，因此對他也就會更加信任。

3. 將語速放慢

在推銷界有一個很奇怪的現象，那就是優秀的推銷員絕大部分都是木訥型的。這並不表示口齒伶俐的人不適合當推銷員，而是太過於伶牙俐齒的推銷員往往容易讓人產生反射性的懷疑，反過來說，若是木訥點，反而會令對方產生「誠實」的印象，會有聽聽看再說的念頭。

其實，要想打動一個人的心，說話速度太快往往只會導致相反的結果，無法讓對方產生信任感。因此，我們應該借助一些技巧來爭取對方的信任。其中，最簡單且有效的方法就是將說話的速度放慢。尤其是與人初次見面的時候更需如此，才不會給對方留下輕浮的壞印象。

4. 只借一二十元也要如期償還

　　許多人認為借一點小錢根本就用不著還，但是這種行為卻會讓別人對你的信任產生懷疑，最後反而是得不償失。其實，我們也可以利用這種借小錢也如期償還的方法，慢慢建立自己的信用。換句話說，就是要靠向人借一塊錢也要記得還的方法，來建立起別人對我們的信任感。

　　這一論點不僅適用於金錢往來，就是與人做小小的約定時，也同樣要依約履行。這樣的人才會讓人信任，無論做任何事也都將更為順利。

5. 直截了當地承認過錯

　　在向人道歉時，其實，最好的辦法是直截了當地說出對自己不利的一切。這樣，比找一些藉口含糊其辭地向人解釋來得有效且勇敢。因為含糊其辭，往往會給人留下逃避責任的印象，更會給人留下極不好的印象，並且還會讓對方產生「他根本就沒有真正認錯的誠意」的感覺。相反的，若直截了當地認錯，就可以增加自己的信譽，讓對方產生不妨讓他再試一次的想法。

　　與人交往的時候，一定要讓別人感覺你「可以信賴」，這樣會更利於你們的交往。

真誠是打動人心的最好方式

人際交往的心理規則告訴我們，打動人的最好方式就是真誠。但真誠不是寫在臉上，而是發自內心。我們都討厭虛偽，討厭惺惺作態，討厭表裡不一。我們都希望與真誠的人為伍，但是同時不要忘了，首先我們自己要做一個真誠的人。真誠是人類社會永遠的共識，任何時候，真誠都是帶給人愉悅和信任的天使。

1969年，美國著名心理學家約翰‧安德森在一張表格中列出了500多個描寫人品質的形容詞，他請將近6000名大學生挑選出他們喜歡的做人品質。調查結果是，大學生們選的最多的是「真誠」。大學生們對做人品質給出最低評價的形容詞是「虛偽」。

很多大學生在填寫自己的履歷表的時候，都在特長欄裡填寫上音樂、體育、寫作等方面的特長。有一次，剛畢業的女孩王青去應徵，在履歷表上填寫自己的特長時，寫了「擅長做蘋果餅」。好多同學還笑話她，這算什麼特長啊！「擅長做蘋果餅」，就是這句平凡的話，就是這個並不偉大，並不高貴的特長打動了招聘人員的心。其實，真正打動人心的不是什麼「擅長做蘋果餅」，而是——真誠。

由此可見，要讓別人喜歡你，願意多瞭解你，真誠亦是最可靠的辦法，是你能夠使出的最大的力量，也是贏得人心的上上之策。但如果沒有得到巧妙地運用，真誠的力量將大打折扣。所以，在人際交往中，我們有必要熟知一些輸出真誠的法則。

1.情感真實，言語適度

　　真誠強調的第一層含義就是「真」，「真」就是「真實」，但真實並不意味著口不擇言。特別需要注意的是，在表達對他人的看法和評價時，要能讓人體會到你是真心為別人好，在情感上表達出關懷與重視，這樣才容易讓人接受。

　　雖然「諍友」難得，但被人說到自己的短處，誰的心裡都會不太舒服。所以，在指出別人的不足時，應注意講明自己希望幫助對方的初衷，並指出缺點，提出有助於對方改正的建議。當對方透過你的諫言，認識了缺點，改正了不足，有了進步之後，就會理解你的良苦用心了。對於批評與幫助過自己的人，每個人都會心存感激，彼此之間的關係自然而然會在這種互動中得到加深和鞏固。

2.恪守微小承諾

　　真誠的另一層含義就是「誠信」。「人無信不立」，可以說，誠實守信是做人的基本原則。而造成信用缺失的並不是曾經

許下的「大承諾」，反而是言談中應承的「小事情」。就是因為這個諾言「小」，所以更容易被忽視、被遺忘，甚至有人會把這種應承「小諾言」當成一種無意識的行為。但說者無心，聽者有意，當這種無心的小諾言一次次地被忽略之後，許諾者的人心也就跟著散了。所以，即使是在笑談中許下的諾言，也要當成很嚴肅的事去完成。如果在答應後因為情況變化而一時不能辦到，也應如實講清原因。

除了上面提到的兩點之外，真誠也是可以從身體語言中表達出來的。舉止中流露出的真誠，可以被人迅速地感知，並為交往關係加深添加砝碼。

語音、語調、語速、語氣上的變化也可以表現出關心和重視對方的情感與態度。譬如，在表達看法、建議或要求時，語速要儘量慢一些，過快的語速，容易使人產生壓迫感。

真誠換來的是別人或者對方對於我們的信任、欣賞和幫助，帶給別人的是溫暖和傳遞這份真誠的勇氣。這對於每一個人來說，都是一種隱形財富。

如同人際關係大師卡內基說的，輸出真誠就如同輸出微笑一般簡單，如果你做了，你很快就能相信自己，而後由衷的真誠感覺將隨之而至。

女人要善用性別魅力提高社交力

　　性別特徵是一個不可忽略的客觀性存在。尤其是女性，在男人面前，善用妳的性別魅力，有時可達到事半功倍的效果。

　　我們來看下面一則故事：

　　「氣死我了！他信誓旦旦地說完全是出於工作考慮，說他對她沒有任何偏袒的成分，我都不知道他怎麼會被她迷成這樣！他對她的偏愛已經是司馬昭之心路人皆知，公司上下全都看在眼裡，他居然還敢說對她完全沒有任何袒護！太氣人了。」

　　史宇一走進好友的諮詢室就忍不住抱怨起來，不滿和怨恨像連珠炮一樣無遮攔地釋放出來。她在抱怨她的搭檔、公司合夥人張超。

　　史宇和張超是十幾年的老朋友了，兩年前一起註冊了一家公司，共同投資共同經營，因為各自專長的領域不同，合作一直比較愉快，直到3個月前蘇雪奇在公司裡出現。

　　蘇雪奇是史宇在一個商務party上認識的，人長得非常漂亮，從歐洲留學回來，氣質也很不錯，嬌柔嫵媚，說話也是嬌滴滴的，像一個粉嫩的洋娃娃，十分惹人愛憐。史宇本來就是一個很

熱情的人，很喜歡照顧別人，得知蘇雪奇剛剛辭職，正在尋覓新的工作時，當即邀請蘇雪奇來自己的公司上班。

入職第一天，蘇雪奇就向張超發郵件傾訴衷腸，告訴他自己曾經有過悲慘的經歷，自己的家境也很貧窮，生活壓力很大，等等。她的郵件讓張超對她陡然生出許多的同情，在工作中有意無意地就會給她更多的機會，對她的過錯也會給予更多的寬容和諒解。

張超對蘇雪奇的特殊照顧，公司其他員工自然是看在眼裡記在心裡，對於史宇的管理開始出現抵觸情緒。每次史宇和張超談蘇雪奇的事，都會發生爭執，兩人的衝突也是愈演愈烈，終於到了不得不面對的地步，為了公司的利益，張超最終放棄了蘇雪奇。

上述故事中蘇雪奇的經歷就告訴我們，女人在職場上可以利用自己的性別魅力，為自己掃清職業道路上的障礙。但一定要把握好一個程度，千萬不可濫用自己的女性魅力，否則將會適得其反，甚至會葬送自己的大好前程。女人善用自己的女性魅力，一定要注意如下6個方面：

1. 美麗

誰願意整日面對一個邋遢的黃臉婆呢？男人不願意，女人自己恐怕也不喜歡。女人要學會利用服裝、髮型、首飾、化妝品把

自己打造成一個有個性的美女，愉悅他人，同時也快樂自己。不要擔心自己的年齡或是外貌，要知道每個階段的女人都有自己獨特的美麗，不同相貌的女人也一樣可以有不一樣的魅力，美麗更多的是一種後天修來的氣質。

2. 體貼

體貼他人是世界上最容易讓人感動的事情之一，不管對方是親友、同事，還是陌生人。妳輕柔的一句問候的話，那個被妳關注的人也許會銘記一生。

3. 淡定

女人偶爾的示弱會讓人生出保護之心，可是如果隨時隨地，無論遇到什麼事都大呼小叫，最終受驚嚇的會是妳周圍的人。所以大家千萬記得在自己就要喊出聲之前遏制住自己的衝動，即使自己已經被嚇得不得了。毀譽不動、寵辱不驚是一種讓人敬佩的好品質，如果妳表現得很淡定，別人就會把妳看做一個天生具備領袖氣質的人而甘願拜倒在妳的石榴裙下。

4. 沉靜

沉靜既是給他人表達的空間，也是產生信任的平臺。有良好教養的女子，永遠會比整天摔門撞桌子的假小子，或是張家長、

李家短般地傳閒話的無聊婦女更易贏得尊重與信任。

5.矜持

　　不管妳有多麼愛說愛笑，如果妳想在辦公室裡贏得人心，就不能讓自己表現出張揚的姿態，妳需要用矜持的形象讓所有人相信，妳不會讓辦公室成為風花雪月的場所，也不會把新來的年輕人帶入「歧途」。

6.自信

　　充分展示女性魅力並不是要妳真的就成為需要人照顧的弱者，實際上男人的肩膀並不像他所言語的那麼堅強。辦公室也和家庭一樣，需要有男人與女人的相互支持與配合，妳要有足夠的能力和妳的同事們共同面對所有的問題。

　　從某種程度上說，性別魅力更能展現一個人的風采，男人的穩重、豪爽，女人的嬌柔、文靜等，都可以讓人感受到一種美。在交往中，展現自己的性別魅力，能更好地抓住對方的注意力。

NO.48
每個人都需要感情的投資

　　人們都渴望擁有親情、友情和愛情；都渴望別人的理解、信任和支持，可以是來自親人的、朋友的、同事的、老闆的，甚至也可以是來自於陌生人的。即使在重物質輕精神，日益物化、商品化的今天，這一點仍沒有變。因為情感需求是人的需求金字塔中最高層次的需求。

　　人的行為是靠情感支配的。不過，即使把感情當做投資，這感情也必須是發自內心的，誠心誠意的。因為尊重、理解、信任、關心、愛護，才是真正的感情投資。

　　梁慶德是格蘭仕的創始人，他是商界公認的善於感情投資的人。1994年，看著在汪洋中為了搶救集團財產而晝夜奮戰的格蘭仕人，他鄭重地當著大家的面表示：「如果真的不行了，一定要保住所有的人，一定要保證所有員工們的安全！」在公司第一次改制、政府準備退出格蘭仕時，大家都覺得有很大的風險，不願意認購格蘭仕的股份。梁慶德貸款把其他人不願意買的股份全都買上了。當格蘭仕呈現出良好的盈利能力時，他又把自己當時買下的股份中的一部分拿出來分給大家。以人為本，情感至上，風

險自己扛，利益大家享，這就是梁慶德投桃報李式的情感投資，也是他旗下的經理人願意為他「賣命」的原因。

投資感情的必要條件是要捨得對別人付出感情——你要善解人意，要學會關心他人，要懂得忍讓，寬容，感恩，要樂於讚美別人——這個理論也許可以通行於所有的感情：愛情、親情、友情。相信一個善於投資感情的人，他的人生不一定沒有危機，但卻可以平安而不孤獨地渡過危機。

斯特松公司是美國最老的製帽廠之一，1987年時公司的情況非常糟糕：產量低、品質差、勞資關係極度緊張。此時，當地的一位管理顧問薛爾曼應徵進廠調查。他的調查結果顯示：員工們對管理層、工會缺乏信任，員工彼此間也如此。公司內的溝通管道全然堵塞，員工們對基層領班更是極度不滿，其中包含了偏激作風、言語辱罵、不關心員工的情緒等問題。透過傾聽員工的心聲，認清問題所在，薛爾曼開始實施一套全面的溝通措施，加上有所覺悟的管理層的支持，竟在4個月內，不但員工憎恨責難的心態瓦解，同時他們也開始展現出團隊精神，生產能力也有提高。感恩節前夕，薛爾曼和公司的最高主管親手贈送火雞給全體員工，隔天收到員工回贈的像一張報紙那麼大的簽名謝卡，上面寫著：謝謝把我們當人看。

生活中，錢的債都可以還清，唯獨人情債是永遠還不清的。投資感情，收穫人情，一生何處不逢春。

培養社交能力：
設計出你的
黃金人脈

講究情義是人性的一大特點，中國人尤其如此。「生當隕首，死當結草」、「女為悅己者容，士為知己者死」，無一不是「感情效應」的證明。為大事者大都深知其中的奧妙，不失時機地付出的感情投資，對於人際交往能往往能收到異乎尋常的效果，當然，受你感情投資的人定會給你帶來加倍的報償。

　　《聖經‧馬太福音》中說：「你希望別人怎樣對待你，你就應該怎樣對待別人。」人際交往中真正有遠見的人總是主動付出感情投資。也許有時那只是舉手之勞，相信所收穫的，會大大超出你的付出，成為推動你走向成功的巨大動力。

留點神祕，吊足胃口

太容易得到的東西，往往得不到珍惜，而總也得不到的東西，常常被認為是最好的。這是人們普遍的心理。所以，在我們與別人交往時，一定要多留點神祕，像諸葛亮對待劉備的來訪那樣，吊一吊對方的胃口，這樣你才能得到對方足夠的重視。

心理學中有一種升值規律，即越是得不到的東西，越是值得朝思暮想。比如在戀愛中，有些聰明的女性就不對男孩子有求必應，適時地拒絕他，以保持一份神祕感。這就叫「吊胃口」。交際活動中，吊胃口的辦法並不局限於戀愛，在一般的人際交往中也可以運用。聰明的人常常用以下幾種方法：

1.要多說「忙得很」、「時間不夠用」

有些人在被問及近況時，總是不經思索地回答：「好忙喔！時間好像都不夠用呢！」之類的話，並且顯露出一副滿足的表情。

如果對方說「哇，那真是辛苦啊」或者「沒關係，能者多勞嘛」，他們必定神氣活現，卻裝著謙虛地回答：「唉，勞碌命

唷！」口頭上是抱怨，內心卻存著炫耀。對於生活的繁忙，他們未必介意，只是喜歡發發牢騷，借此表示自己身負重任，並非泛泛之輩。

2. 寫滿你的通訊錄和筆記本

如果把寫滿通訊錄、備忘錄的記事本有意無意地拿給別人看，就會給對方造成這樣的感覺：「此人真能幹呢！」因為在人們眼中，整日繁忙、交際廣泛的人大多不是無能之輩。這就能造成萬人求的印象。

3. 大談你的宏圖大略、美好未來

讓別人欽佩自己的方法很多，其中最有效的方法是讓人感到你比其他人更有發展前途。為了表現你的發展潛力，就有必要對將來編織一幅美麗、宏偉的藍圖，縱使這幅藍圖完全不可能實現，卻能給人很好的印象。比如，你可對你的同事、朋友說，「我將來要獨立創業，而且一定要實現這個計畫」，並將這樣的話重複數次。這樣，連那些原本不太相信的人，也會不知不覺地認為：「切不可小瞧了他，這傢伙很有可能幹出一番轟轟烈烈的事業來。」有一個將來的總經理做朋友，人們也會有沾光的心理，同時也能給自己貼金，可謂一舉兩得。

4. 讓女人感到你將來會有出息

當你想要說服女性時，你不妨儘量談論你對未來的設想，若女方本來對你懷有好感，又聽了這種牛皮大話，則內心不由得沾沾自喜，以為自己交到了理想的男朋友，甚至想助一臂之力。但你是否真能如你所說的大展宏圖呢？這就難說了。

因為得不到的最好，所以你便不能輕易讓對方得到，吊他的胃口。心理學家將這一現象叫做「空白效應」，指的是故意設點懸念、吊一吊胃口，給他人留下想像的空間。

國畫大師齊白石先生畫的蝦，可謂一絕。可是，他從不在畫中加上水，奇怪的是，雖然畫中無水，卻好像更能讓人想像出「蝦在水中游」的神奇效果。

生活中，我們不妨也學著留出空白，也許事半功倍，比如演講時設個懸念，讓人不得不跟著你「窮追不捨」；給他人提意見時，說個引子就打住，讓對方自己反省，可能印象更加深刻呢。

NO.50

待人平和，前程之路才順暢

　　平和是一種心態，是一種美德，秉持平和的心態做人，就能妥善地對待世間的人和事，既尊重自己，又能迎得別人的尊敬。

　　宋代有個叫韓琦的人，曾與大名鼎鼎的范仲淹一道推行新政，北宋時長期擔任宰相職位。

　　他鎮守大名府時，有人獻給他兩隻出土的玉杯，這兩隻玉杯表裡毫無瑕疵，是稀世珍寶。韓琦非常珍愛，送給獻寶人許多銀子。每次韓琦大宴賓客時，總要專設一桌，鋪上錦緞，將那兩隻玉杯放在上面使用。可是，有一次在勸酒時，一個官吏不小心碰到了杯子，一下摔了個粉碎。在座的官員驚呆了，碰壞玉杯的官吏也嚇傻了，趴在地上請求治罪。韓琦卻毫不動容，笑著對賓客說：「大凡寶物，是成是敗，都有定數的，該有時它獻出來了，該壞時誰也保不住。」說完又轉過臉對趴在地上的官吏說：「你偶然失手，並非故意的，有什麼罪呢？」

　　這番話說得十分精彩！玉杯已經打碎，無論怎樣也不能復原，責罵、痛打一頓肇事者，將平添一個仇人，眾位賓客也會十分尷尬，好端端的一場聚會便不歡而散，也會大大有損自己的形

象。而韓琦此言一出，立刻博得了眾人的讚歎，而肇事者對他更是感激涕零，恐怕給他做牛做馬也心甘情願了。

元代吳亮在談到韓琦時說：「韓琦器量過人，生性淳樸厚道，不計較芝麻綠豆一類的小事。功勞天下無人能比，官位升到臣子的頂端，但不見他沾沾自喜；經常在官場的不測之禍中周旋，也不見他憂心忡忡。不管在什麼情況下，他都能做到泰然處之，不被別的事物牽著走，一生不弄虛作假。在處世上，被重用，就立於朝廷與士大夫們公平議事；不被重用，就回家享受天倫之樂，一切出自真誠。」

韓琦一生處於危險之地，而又一直立於不敗之地，這是為什麼呢？正如他自己所說的：「天下之事，沒有完全盡如人意的，一定要用平和的心態去對待。」這就是韓琦處世高人一籌的祕密。

中國人就是喜歡「和」字。「以和為本」、「人和為寶」、「和氣生財」，如果沒有和氣的人際環境作基礎，一個人是不可能在社會上立足的。《易經》就非常強調「和」字的重要性，所謂「天時地利人和」，則深刻地表明瞭「人和」對於做人的重要價值。

善為大事者，能夠控制個人情感，以和諧的人際關係為最佳的做人之本，因為他們懂得「唯和方能少麻煩」的道理。

趙林最喜歡跟人鬥嘴，整天像個好鬥的公雞一樣，到處與人爭論。以前他做卡車司機的時候，總是跟乘客聊天，後來做了推銷員，他又跟客戶爭論。要是有客戶挑剔他賣的汽車不好，趙林

就精神抖擻、趾高氣揚地跟人家理論。直到客戶興致全無，悻悻而去，他還洋洋自得地說：「哼，總算給他點顏色看了！」

趙林確實嘗到嘴巴「占上風」的甜頭，不過正因為這樣，他的汽車一輛都賣不出去，遭到同行的恥笑和老闆的解雇。無奈之下，趙林選擇行銷員培訓課程，希望提升一下自己的推銷能力。培訓老師很快指出了他「愛爭論」的毛病，建議他管好自己的嘴巴，以和為貴，避免與人發生口角。經過一段時間的課程培訓，趙林終於不再是那個一聽反對意見就反唇相譏的莽撞之人了。某一天，他向一位客戶推銷汽車，但是那位客戶絲毫不感興趣，只是跟趙林滔滔不絕地談起了賽車的好處。換作是以前，趙林肯定會跟客戶據理力爭卡車的優點。不過現在，趙林做人平和了許多，他彬彬有禮地附和客戶道：「您說的沒錯，那款賽車的性能確實不錯，產品品質過硬，售後服務也很周到。」客戶聽完之後滿心歡喜，與趙林攀談起來。趙林趁機把汽車的性能做了一番詳細的介紹，最終說服客戶下了訂單。

沒過幾年，趙林就當上了公司的「王牌推銷員」。

會社交的人是不會被情感左右的，因為他們牢記「和」字，力戒感情衝動。想社交成功就需要一種平和的待人態度。誰願意跟一隻刺蝟握手呢？當你收斂起鋒芒，圓潤處世的時候，人生的路就平坦多了。

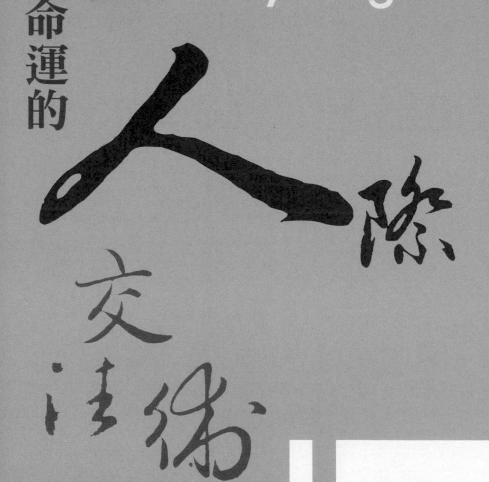

Human
communication
can
change
everything

改變
百萬人命運的
人際
交術

第十三章

大智若愚：該糊塗時就糊塗

為人處世，是精明一點好，還是糊塗一點好，各人有各人不同的答案。但是卡內基認為，在人脈中還是「糊塗」一點好，當然這種糊塗並不是真的糊塗，而是希望我們學會一點大智若愚的技巧，避免一些弄巧成拙的尷尬。

若愚的大智才是真精明

　　英國首相邱吉爾頻頻向羅斯福發出告急求救，懇求美國伸出援助之手，面對整個社會對戰爭的反對態度和國會的僵硬立場，羅斯福總統心有同情卻無力行動。但羅斯福一方面順應人民的和平願望，另一方面又以偉大政治家的智慧重視著戰爭形勢的發展，保持對希特勒德國和日本軍國主義的理性認識。在一九四○年最後幾個星期，美國國會通過了租借法案，羅斯福終於贏得了一次勝利。

　　終於還是日本帝國主義為羅斯福創造了這個千載難逢的「時機」。一九四一年十二月七日星期日，珍珠港事件爆發，日本投向珍珠港的炸彈，不但粉碎了美國艦隊，同時也打破了羅斯福戰爭政策的僵局。當許多人認為羅斯福總統應該在他的戰爭諮文中詳細檢查一下他的對日政策時，羅斯福根本不予關注，對他來說，唯一重要的是戰爭這一事實本身。第二天，當他出席國會兩院聯席會議時嚴肅地要求國會宣佈全國處於戰爭狀態時，他演說中最重要的一句話就是「戰爭狀態已經存在」。是的，高潮只有幾個小時，然而它所帶來的教訓卻是羅斯福平日的說教所達不到

的。

羅斯福的「袖手旁觀」，靜待時機，使他面臨大事不糊塗，並取得了最後的成功。

當然，糊塗的範疇很廣，我們在這裡無法把所有的都涵蓋，只能說真正的大智若愚還要在日常的累積中感悟。真正能巧用模糊語言，偶爾裝裝糊塗，將有助於經營你的人脈，改善你的人際關係。

裝糊塗裝得像，就會讓別人信以為真地認為你是個傻瓜，而實際上對方才是那個真正被搞糊塗了的傻瓜。這時你再想辦法對付他，就等於在對付傻瓜，自然不費吹灰之力。

司馬懿可謂魏王朝的三朝元老。他與大將軍曹爽同時受命輔佐曹芳。二人實際共同掌握了曹魏的軍政大權。他倆各領精兵三千餘人，輪番在殿中值班。起初，兩人關係還算和睦。但後來，由於門客不斷進言，認為司馬懿對皇室是潛在的威脅，不可對他推誠信任。於是曹爽遂於景初三年（二三九年）二月，使魏帝下詔，說他德高望重，理應位至極品，因而從太尉升為太傅。用明升暗降的辦法，使司馬懿的兵權被剝奪。以後尚書奏事，均先經過曹爽，大權遂為其所獨攬。

對於曹爽及其黨羽的奪權之舉，司馬懿早已看破其用心，但他洞察形勢，認為自己目前處於不利地位不可馬上採取過激的對抗行動。於是，司馬懿以退為守，把政權拱手讓給曹爽；並以年

改變 人際交往 百萬人命運的 術
Human communication can change everything

老病弱為由，不問政事。這使得曹爽的政治警惕逐漸放鬆，自以為大權在握，可以不用擔心地尋歡作樂、縱情聲色，名聲也就一落千丈了。

後來曹爽對司馬懿的病感到有些懷疑，恐怕其中有詐，正巧此時曹爽的親信李勝將出任荊州刺史，曹爽命他向司馬懿辭別，乘機伺察司馬懿生病的真相，但司馬懿都一一應對，讓其信以為真。

嘉平元年（二四九年）正月，魏帝按慣例將率宗室及朝中文武大臣，到城外祭掃魏明帝的陵墓。喪失警惕的曹爽兄弟及其親信都前呼後擁地跟著小皇帝曹芳去了。裝病臥床不起的司馬懿認為時機已到，將經長期周密策劃、精心準備的力量積聚起來，發動了政變。他和兒子司馬師、司馬昭，率部眾以迅雷不及掩耳之勢，占領了城門、兵庫等戰略要地和重要場所，並上奏永寧太后，廢免曹爽大將軍的職務，剝奪了他的兵權。又親率太尉蔣濟等勒兵屯於洛水浮橋，派人給魏帝呈上司馬懿要求罷免曹爽的表章。之後又一舉殲滅了曹爽的餘黨。

二月，魏帝進封司馬懿為丞相。十二月又加九錫之禮，享受朝會不拜的殊禮。自此司馬懿威震朝野，實際掌握了曹氏政權的軍政實權，史稱「高平陵之變」。

善於蒙蔽對方，讓對方糊塗，然後乘其不備迅速發動反擊，往往能取得勝利的先機。司馬懿無疑是其中高手。政變是封建時

期統治階級內部政治鬥爭的最高表現形式，具有極大的危險性。司馬懿取得政變成功的關鍵是依賴於蒙蔽對方，使對手放鬆了警惕，因而獲得反擊的機會。

　　與人較量需要的是頭腦而不是武力。而如果能採取對的方法蒙蔽對方，讓對方完全對你放鬆警惕，那最容易取得成功。

改變 人際交往術
百萬人命運的
Human communication can change everything

NO.52

裝瘋賣傻出奇制勝

　　有些時候，我們面對謬論，面對強辯，假裝愚蠢，故作糊塗，謬釋敵意，恰好可以暴露對方缺點，然後攻其不備，出奇制勝。

　　美國第九屆總統威廉・哈里遜，小時候家裡很窮，他沉默寡言，人們甚至認為他是個傻孩子，他家鄉的人常常拿他開玩笑。比如拿一枚五分的硬幣和一枚一角的銀幣放在他面前，然後告訴他只准拿其中的一枚。每次，哈里遜都是拿那枚五分的，而不拿一角的。

　　一次，一位婦女問他：「孩子，你難道真的不知道哪個更值錢嗎？」

　　哈里遜回答說：「當然知道，夫人。可是只要我拿了那枚一角的銀幣，他們就再也不會把硬幣擺在我面前，那麼我就連五分也拿不到。」

　　看得出來，哈里遜表面「傻」，裝作不知道一角比五分多，可是他的「傻」裡面蘊藏著智慧，因而使自己總能拿到錢。

　　大智若愚運用在語言責問非難中，是指對對方的謬論，假裝

不明白，沒能發現他的本意，故作曲解，謬釋其意，諷言刺人。

在某機場售票廳裡，旅客們正在排隊買票，突然，一位紳士粗暴地擠到售票窗前指責售票員工作效率太慢，當人們要他排隊時，他又嚷道：「你們叫什麼？不知道我是誰？」

對此，售票員平靜地向旅客說：「各位，這位紳士有些健忘，已經不知道自己是誰了，不然，我想他不會做出有失身分的舉動的。誰能幫助他回憶一下，他是誰呢？」

售票員的話引來了陣陣笑聲，紳士羞得滿臉通紅，悻悻地走了。

售票員面對紳士的粗野，假裝不知，順勢糊塗，實則機智幽默，大智若愚。

大智若愚是曲線型思維的結果，即採用拐彎抹角的進攻方式，因此，運用此法可以產生強大的嘲諷和幽默效果，是論辯家常用的雄辯技巧。

關於這一點，曾發生這麼一個有趣的故事。

有一次，一個銀行家揶揄地問大仲馬說：「聽說你有四分之一的黑人血統，是嗎？」

「我想是這樣。」大仲馬說。

「那令尊呢？」

「半黑。」

「令祖呢？」

「全黑。」

「請問，令尊祖呢？」

「人猿。」大仲馬一本正經地說。

「閣下可是開玩笑？這怎麼可能？」

「真的，是人猿，」大仲馬怡然地說，「我的家族從人猿開始，而你的家族到人猿為止。」

這裡，大仲馬開始用「假癡」佯裝自己的真實目的，麻痺銀行家，然後反守為攻，突然出擊，使對方猝然不防，陷於窘境。

現實交際中，懂得順勢裝糊塗，可以輕鬆麻痺對方，因而讓對方陷入被動境地。然後再採取反攻策略，便可以輕鬆制勝了。

見人說人話，見鬼說鬼話

　　所謂「打混仗」，就是遇到難題，包括進諫、爭執及糾紛等，不在是非對錯上糾結，而是不斷調和、折中，「抹平」才算和諧，「搞定」才算穩定。

　　人們都會覺得「打混仗」多少有些貶義，但綜觀當今那些為人處世的高手，幾乎都懂得「打混仗」的藝術。他們儘量不去招惹強勢者，或者在強勢者之間周旋，察言觀色，見人說人話，見鬼說鬼話。這種看似是有些狡猾的生存方式，其實它是聰明人辦事成功至關重要的基本功。

　　漢元帝劉奭登基之後，採用了賢者王吉和貢禹。當時朝廷內的最大問題是外戚和宦官專政，但是當漢元帝問起貢禹對國家大事有什麼意見時，貢禹卻對皇帝說，請他注意節儉，因為勤儉才能治國。漢元帝天性就吝嗇得很，一聽貢禹這麼說，正合他意，而又能顯現他的功德，立刻將很多節儉措施付諸行動。

　　不料，貢禹這一提議非但沒有得到後世政治家司馬光的讚揚，反而遭到了他的嚴肅批評。司馬光在《資治通鑑》中說：「忠臣侍候君主，要揀皇帝最嚴重的錯誤、最難改正的毛病，第

一時間提出來，督促他改正，其他小毛病就順便改正了。漢元帝剛登基，有心向上，恰如一張白紙，他虛心向貢禹請教，貢禹就應該抓住機遇，先指出最急的問題，後說那些不著邊的事。漢元帝的最大問題是什麼呢？『優遊不斷，讒佞用權』。可是貢禹隻字不提，而是喋喋不休地講勤儉。漢元帝的天性愛節約，貢禹卻說個沒完沒了，是何居心？如果貢禹不知道國家的問題，怎麼能被稱為賢良？如果他看出來又不肯說，反而顧左右言他，罪可就大了！」

皇帝剛剛登基，表現虛心納諫，大部分都是裝裝樣子，表面功夫，貢禹懂得察言觀色，使他深得皇帝之心，如此才能保證他的將來。但司馬光對此不以為然，認為為人臣子，就要努力幫助皇帝整頓朝廷。他本人也是這麼做的，面對宋朝內部的新舊黨問題，治國問題，他不斷地在皇帝面前表現自己的強勢，絲毫不理會君王的心情。

結局怎樣呢？「伴君如伴虎」，天威難測，當時的皇帝可能無法動搖司馬光的權臣地位，但司馬光最後不也是急流勇退，鬱鬱而終了嗎？他的話皇帝又聽進去幾句呢？

雖說貢禹這種只求自保，順著上司說話的做法不值得提倡，不過在當時是不得已而為之，因為元帝不是一個能納諫的人。如果我們在工作中，尤其是面臨職場生存的問題，上司是一個能夠納諫的人，可以委婉地說出自己的建議，並不時地察言觀色，適

大智若愚：
該糊塗時
就糊塗

時遞上一些恭維話，把內心硬邦邦的建議用「打混仗」的方式進行表達，這才是現代人的進諫方法。

其實，不僅僅是在職場，在任何存在人際交流的社交環境中，「打混仗」都是一門有必要掌握的藝術。

改變 人際交往術
百萬人命運的
Human communication can change everything

NO.54

靜中韜光養晦，退中方求全身

　　人世間的許多危險，都不露痕跡地潛藏在看似波瀾不驚的環境中。具有大智慧的人深諳避禍之道，即於靜中韜光養晦。

　　唐朝大將郭子儀戎馬一生，屢建奇功，可謂是功高蓋主。他的王府建在首都長安的親仁裡。汾陽王府自落成後，每天都是府門大開，任憑人們自由進出，郭子儀卻不允許其府中的人對此加以干涉。有一天，郭子儀帳下的一名將官要調到外地任職，來王府辭行。他知道郭子儀府中百無禁忌，就一直走進了內宅。恰巧看見郭子儀的夫人和他的愛女正在梳妝打扮，而王爺郭子儀正在一旁侍奉她們，她們一會兒要王爺遞毛巾，一會兒要他去端水，使喚王爺就好像奴僕一樣。這位將官當時不敢譏笑郭子儀，回家後，他忍不住講給他的家人聽，於是一傳十，十傳百，沒幾天，整個京城的人都把這件事當成笑話來談論。郭子儀聽了倒沒有什麼，他的幾個兒子聽了卻覺得太丟父親的面子，於是決定勸說父親。

　　他們相約一齊來找父親，要他下令，像別的王府一樣關起大門，不讓閒雜人等出入。但郭子儀對他的兒子們語重心長地說：

大智若愚：
該糊塗時
就糊塗

「我敞開府門，任人進出，不是為了追求浮名虛譽，而是為了自保，為了保全我們全家人的性命。」

幾個兒子感到十分驚訝，忙問其中的道理。

郭子儀歎了一口氣，說道：「你們光看到郭家顯赫的聲勢，而沒有看到這聲勢有喪失的危險。我爵封汾陽王，往前走，再沒有更大的富貴可求了。月盈而蝕，盛極而衰，這是必然的道理。所以人們常說要急流勇退。可是眼下朝廷尚要用我，怎肯讓我歸隱？再說，即使歸隱，也找不到一塊能夠容納我郭府一千餘口人的隱居地呀。可以說，我現在是進不得也退不得。在這種情況下，如果我們緊閉大門，不與外面來往，只要有一個人與我郭家結下仇怨，誣陷我們對朝廷懷有二心，就必然會有喜歡落井下石、嫉賢妒能的小人從中添油加醋，製造冤案，那時，我們郭家的九族老小都會死無葬身之地的。」幾個兒子聽了之後方才明白老父親的一番苦心。

郭子儀以不世之功，「權傾天下而朝不忌，功蓋一代而主不疑」，於建元二年（七八一年）六月十日，以八十五歲的高齡辭世。

郭子儀能夠一生常榮而不衰，是因為他懂得於最盛時期掩藏自己鋒芒的道理。正所謂：「小隱隱於野，中隱隱於市，大隱隱於朝。」能夠在危險的環境中伏藏，以謙卑的姿態做一名朝中的隱者，既得上級歡心，又能建自己的功業，還能保全自己及家

人。如此才是最高明的隱者之道。

　　在我們的一生中，也許不會如郭子儀這樣成就驚天偉業，但是也會遭遇各式各樣的境遇，如何於變幻繁複的環境中保全自己，真的需要高人一等的智慧。郭子儀的立身之道給我們展現了韜晦智慧的精妙，值得我們去領悟、去思考。

大智若愚：

**該糊塗時
就糊塗**

NO.55

用「無能」來換取別人的信任

　　正如「倚老賣老」一樣，「倚弱賣弱」也是一種讓對手無處下手的策略。消極至極反而就成了積極的因素，弱到對方無法發力，反而成了一種勝利。

　　道光皇帝老邁之後，欲立皇子，奕詝年齡最長，但各方面都不如弟弟奕訢，於是一直拿不定主意。這天風和日麗，道光要帶領六個皇子去南苑打獵，意在考驗皇子們的文才武略和應變能力，以便確立皇儲。奕詝和奕訢都摩拳擦掌欲一較高下。

　　四皇子奕詝的老師杜受田足智多謀，他在四皇子身上下的工夫很大，希望他能登上皇位，自己也跟著沾光。可是他也掂量過，奕詝與其他皇子比較起來，除了排行第四占了個有利的條件之外，其他方面都很平常，甚至略遜一籌，如若稍一讓步，這皇位定然被六皇子奪去，為此急得他直發愁。

　　安德海看出了門道，上前問道：「你老人家滿臉愁容，定有為難之事，莫不是為明日南苑採獵之事？」杜受田心想，這孩子能看出我的心事，看來是個有心計的人，隨口道：「說下去！」安德海道：「我曾聽人講過，三國時曹操的長子曹丕和三兒子曹

植也有相似之處，不過奴才記不太清了。」

杜受田頓時眼前一亮，知道該怎麼做了。杜受田吩咐奕 ：你到時候就如此這般……

次日，道光帶領六個皇子來到南苑，傳旨開始圍獵。諸位皇子各顯身手，六皇子奕訢，幾乎箭無虛發，滿載而歸，而四皇子奕詝卻是兩手空空，一無所獲。道光帝不由得龍顏大怒，大聲呵斥。奕詝不慌不忙地奏道：「兒臣以為，目前春回大地，萬物萌生，禽獸正是繁衍之期，兒臣不忍殺生害命，恐違上天好生之德，是以空手而回，望父皇恕罪。」

道光聽罷，心想這倒是我沒有想到的，倘若讓他繼位，必能以仁慈治天下，不禁轉怒為喜，當下誇獎了四皇子的仁慈之心。又過了幾年，道光帝憂慮成疾，自知不久於人世，急喚諸皇子到床前答辯。消息傳開，四皇子和他的老師杜受田都知道這是最關鍵的一次較量了，能否登基就在此一舉。

安德海又獻上一計說：「萬歲爺病重，到床前之後什麼也不用說，只說願父皇早日康復就行，剩下的就是流淚，卻不要哭出聲來。」二人一聽大喜。次日，六位皇子被召至龍床前。果然，道光提出一些安邦治國的題目讓諸皇子回答，六皇子答得頭頭是道，道光甚為滿意，卻發現四皇子一言不發。道光一問，他頭一扭，淚如雨下說：「父皇病重，龍體欠安，兒臣日夜祈禱，唯願父皇早日康復。此乃國家之幸、萬民之福。此時兒臣方寸已亂，

大智若愚：

該糊塗時

就糊塗

無法思及這些。倘父皇遇有不測，兒臣情願伴駕而行，以永侍身旁。」說完淚水漣漣，越擦越多。

道光聽了心中深受感動，心想此真孝子仁君，於是決定立四子奕詝為太子，這就是二十歲登基的咸豐皇帝。

「無能」也是一種資本，用「無能」來換取別人的信任和感動，這怕是「聰明人」難以做到的。所以，在人際場中切忌為了競爭而太過表現自己，有時候示弱也是一種能力。

NO.56

把模糊當做一種境界

　　做人最怕人扯後腿，說話表態最好不要遺人話柄。把模糊當做一種境界，不敗的人生從慎言慎行做起。

　　某校某班在一次高考中，數學和英語成績突出，名列前茅。校長在開會時這樣說：「數學考得好，是老師教得好；英語考得好，是學生基礎好。」

　　在座的老師聽罷議論紛紛，都認為校長的說法有失公正。有位姓劉的老師起身反駁：「同一個班，師生條件基本相同。相同的條件產生了相同的結果，原是很自然的事，卻得到不公平的待遇，實在令人費解。原有的基礎與而後的提高，有相互聯繫，不能設想學生某一學科基礎差而能提高得快，也不能設想學生某一學科基礎好而不需要良好的教學就能提高。校長對待教師的教學不一視同仁，將不利於團結，不能提高廣大教師的積極性。」

　　劉老師的這一席話說到大家心裡去了，可是劉老師畢竟挑戰了校長的尊嚴，大家都很擔心，會場一時陷入了沉默，這時校長笑了起來，他說：「大家都看到了吧，劉老師能言善辯，真是好口才。很好，很好！言者無罪，言者無罪。」

老師們看校長沒有惱怒，都鬆了一口氣，會場的尷尬氣氛就緩解了。

儘管別人猜不透校長說這話的真實意思，卻不得不佩服他的應變能力。他為自己鋪了臺階，而且下得又快又好。聽了校長對劉老師質問的回答後，沒有人再就此問題對校長進行反駁了。

遇到別人的質疑或者追問時，模糊表態是一種很有效的策略。輕輕一閃，就會把對方千斤的力量化於無形，同時還為自己爭取到思考對策的寶貴時間。另外，模糊表態的姿態會給對方製造一種高深莫測的感覺，使其不會對自己的行為產生懷疑。

有些時候，「明白直露」的說話方式不是傷人就是害己，然而默不作聲又不免讓人認為是想做老好人。倘若迫於情勢，你不能不有所表態的話，最好還是「模糊表態」。例如，你可以說：「這件事比較棘手，讓我看看再說。」這樣，就給自己以後的態度留下了迴旋的餘地。

改變 人際交往術
百萬人命運的
Human communication can change everything

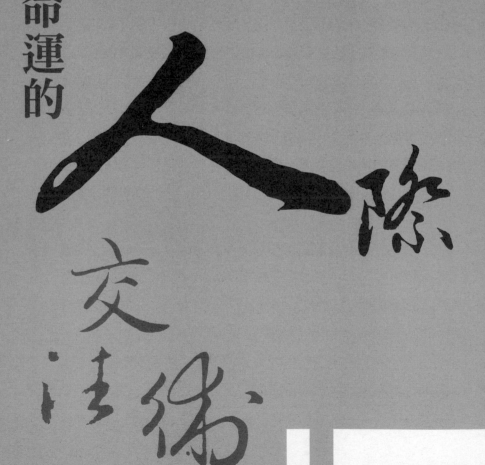

Human
communicatior
can
change
everything

改變
百萬人命運的

人際
交涉
術

先發制人：智取勝利的布局法則

「世異則事異，事異則備變」，提示我們必須要以發展的眼光來看待問題，在棋局中，在人生中，都是如此。只要沒到最後一步，永遠都會有許多的可能發生，所以必須要無時無刻都保持高度的警惕性，及早發現對自己有威脅的、不利的人或事物，然後迅速出手先發制人。

先發制人，後發者制於人

　　韓非子是中國古代著名的哲學家和散文家。他是很有實力的「潛力股」，尤其是他所提出的法家思想，非常適合當時的時代需要，原本他有機會可以成為一個朝廷的重臣，將他的思想用於輔佐君王好好治理國家。但是這「潛力股」在準備大展拳腳之前，就已經被一個深諳棋局的「黑子」先發制人踢出了局，這顆「黑子」就是李斯和姚賈。

　　韓非子原先所處的韓國，在當時是一個很弱小的國家，經常會受到鄰國的欺凌。韓非子曾多次上疏韓王，提出變法圖強的計策，但始終未被採納。不被重用的他，只得轉向著書立說，希望可以藉此，來宣傳自己的思想，獲得世人的認可。

　　秦王嬴政讀了他的文章，非常欣賞他。於是便加緊攻打韓國，韓王面對如此嚴峻的形勢，不得不起用韓非子，並派他出使秦國。韓非子來到秦國，上疏秦王，陳述利弊，勸嬴政先伐趙，緩伐韓。

　　此時，李斯正是步步高升的時刻，秦王對韓非子的喜愛程度，讓他意識到了自己的危機，他怕自己的地位終會被韓非子所

取代。幸而，嬴政因國事繁忙，只和韓非子見過幾次面，還沒有機會深談，嬴政也還沒有決定是否留用韓非子。

這時，秦國的大臣姚賈，也想要將韓非子解決掉。在姚賈剛入仕時，曾到韓國謀事，與韓非子惺惺相惜，成了朋友。後來，姚賈到趙國謀事，聯合各國對抗秦國。兩人同仇敵愾，關係也隨著升級，成了至交。然而，不久之後，姚賈投奔秦國，兩人的關係隨之決裂。此後兩人還因為韓非子在親王面前對姚賈結下了仇怨。姚賈也在努力想辦法，千方百計想要除掉自己的這顆眼中釘，於是他便和李斯結成了同盟，他們先發制人，以一局便解決了韓非子。

他們二人在嬴政面前一起詆毀韓非子，與嬴政分析利弊，說韓非子日後會幫助韓國對付秦國。嬴政因極其欣賞韓非子，而決定在統一六國後，加以重用。但聽了李、姚二人話，又覺得確實有些道理。又經這二人的再三說服，最後嬴政便下令讓司法官調查韓非子，然後給他定罪。看管韓非子的獄吏接到的命令是：「讓韓非子說出他削弱秦國，挽救韓國的實情。」這個命令無異於將韓非子的性命交給了那些獄吏。最後，韓非子每日承受著身體的侮辱和折磨。終於，他的忍耐到達了極限，吃下了李斯派人送來的毒藥，含恨而亡。

而李斯則在意識到危機的時候，果斷出手，解決了自己的隱患，除掉了一個潛在的對手，保住了自己的地位。

改變 人際交往術 百萬人命運的
Human communication can change everything

人生如棋，如果看到一顆可能不利於自己的棋子出現，就要即刻將它踢出局，不能等到它真正威脅到自己時才有所行動。簡單來說，就是「先發制人，後發者制於人」。

先發制人：

智取勝利的

布局法則

NO.58

以其人之道還治其人之身

「以其人之道，還治其人之身」意為：用那個人對付別人的辦法返回來對付那個人自己。這種慕容家的傳世武功，不單是一種招式，它還是一種非常有用的處世之道和解局之道。

來俊臣是唐朝武則天時期著名的酷吏，曾任司僕少卿、侍御史、左台御史中丞等職，因告密而得到武則天的信任，成為武則天權力鬥爭中的爪牙。他利用請君入甕之局還治周興，可謂是局道中的一大經典·

武則天登基後，決心除掉那些反對她的唐朝宗室和大臣。可是反對她的人都躲在暗處，要如何知曉呢？於是，她在都門設立了「銅匭」，下令任何人都可以告密，不論大小官吏，普通百姓，只要發現有人謀反，都可以將告密信扔進「銅匭」之中，由專人取出，由她直接閱讀，以此來誅殺行為不軌或對她不服的大臣。這樣一來，告密的人越來越多，逐漸形成了誣告之風。

一個胡族將軍索元禮，因告密而得了個官職，他是一個極其殘忍的傢伙，不管有沒有證據，先用刑罰逼犯人供出同謀。犯人受不住酷刑，便會胡亂編一些假口供，因而，株連越來越廣，案

情越辦越大，升官至推事一職。有些官吏看到索元禮得到賞識和重用，便紛紛效仿，其中最殘酷的是周興和來俊臣這兩個酷吏。

周興因為害人太多，而激起了民憤。一天，武則天接到一封告密信，說周興與人串通謀反。武則天聽後，大吃一驚，即刻下下密旨，命來俊臣逮捕周興和審訊此案。來俊臣深知周興是辦案的老手，要讓他招供絕不是一件容易的事情。於是他布下了一個局，請周興到自己家裡來飲酒，好讓他自己招供。

席間，來俊臣不斷地恭維周興，稱他是唐朝第一辦案高手。之後，便十分誠懇地向他請教：「最近抓了一批犯人，種種刑具都已用過，可是他們還是不肯招供，您看該怎麼辦呢？」正被來俊臣誇得飄飄然的周興，不假思索地說：「這還不簡單。我最近就想出一個好辦法：取一口大甕，用炭火在它的四周烘烤，然後把不肯招認的囚犯放進甕中，慢慢地燒烤，看他招不招！」

來俊臣聽了，樂得拍手稱妙，當即便命人搬來一隻大甕，並在四周架起了炭火。炭火熊熊地燒著，烤得整個廳堂的人禁不住流汗。周興不明所以地問：「難道你要在這裡審訊罪犯？」來俊臣站起身，拉長了臉說：「現有皇上密旨，有人告發周兄謀反，請您入甕吧！」效果比預料的還要好，周興跪在地上，不住地磕頭求饒，很快便把來俊臣所需要的口供詳詳細細地交代清楚了。來俊臣根據他的口供，定了死罪，隨後便上報了武則天。

武則天念及周興為她立下的汗馬功勞，而且也不相信周興是

先發制人：

智取勝利的

布局法則

真的謀反，便赦免了他的死罪，下令將他流放到嶺南。但因周興幹的壞事多，結下了許多的仇家，在半路上，就被人暗殺了。

來俊臣本是也是一個酷吏，他非常瞭解周興的風格和特色，知道用自己的方法未必可以解決武則天交給自己的任務，所以設了一個非常巧妙的局，讓周興自己布個局，然後再將他置於這個局之中。這可是經典代表了「以其人之道，還治其人之身」這句話。但多行不義必自斃，雖然他運用了「以彼之道，還施彼身」的計策，但他的種種惡行都會變成通向滅亡的路。

卑鄙的人最害怕的就是遇見比他還卑鄙的人，無賴的人最害怕的就是遇見比他還無賴的人，就像烏龜怕鐵錘，就是因為鐵錘比龜殼硬。我們在面對對手時，首先要看清楚自己的對手是一個什麼樣的角色，瞭解對手的特點和習性，然後，以比他更高一個級別的方式來面對他，這便是勝過對手的好方法之一。

NO.59
適時選擇投降，才能留得青山在

　　當你處於弱勢地位的時候，不要為了所謂的榮譽而抵抗爭鬥，而要適時選擇投降。投降會給你時間有東山再起，捲土重來；投降會給你時間讓征服你的人感到煩惱，讓他們受到來自於你的刺激；投降會給你時間去等待征服者的力量逐漸消失。

　　春秋時期最後一個霸主——越王勾踐，是一位著名的政治家和軍事家。

　　勾踐剛剛即位的時候，吳王闔閭趁越國政局不穩之際興兵伐越，勾踐起兵抵抗，打敗吳軍，闔閭受箭傷死於回國途中。其子夫差即位後，時時不忘殺父之仇，用了兩年多的時間練兵。

　　勾踐聽說吳王夫差日夜練兵，打算搶先討伐吳國。謀臣范蠡勸他不要倉促行事，勾踐不聽，率軍攻吳。吳王親率精兵反擊，越軍大敗。勾踐帶著剩下的五千人逃至會稽山，被吳軍包圍。勾踐非常後悔，這時范蠡為他出了個主意，讓大夫文種賄賂伯嚭，向夫差請求稱臣納貢，暫時投降。夫差答應了勾踐的請求，但要勾踐夫婦到吳國為他服役。

　　勾踐抵達吳都，夫差有意羞辱他，但勾踐忍辱負重，小心伺

候，做到百依百順，勝過夫差手下的僕役。三年過去了，由於勾踐盡心服侍，再加上伯嚭不斷在夫差耳邊為他求情，夫差認為勾踐已真心臣服，決定放他們回國。

勾踐回到越國後，為了激勵自己不忘報仇雪恥，臥薪嚐膽。採取一系列政策，使越國迅速恢復生機，國力日漸強盛。同時，勾踐又採取許多辦法麻痺吳國，造成吳國內耗。

吳國日漸衰敗，勾踐認為時機已經成熟，於是趁夫差率精銳部隊北上黃池會盟的機會，率五萬大軍攻打吳國，吳軍大敗，太子陣亡。這時，夫差打敗齊國，正約晉、衛、魯等國在黃池（今河南封丘縣西）會盟，當上了霸主。接到消息，十分懊喪，只好派伯嚭向越求和。勾踐和范蠡認為吳國還有實力，一時消滅不了，答應講和，退兵回國。

不久勾踐乘吳國大旱、國內動盪的機會，再次攻吳。吳王夫差被越軍長期圍困，力不能支，派使節袒衣膝行向勾踐求和，但遭到拒絕，吳王夫差見大勢已去，自刎而死。

在戰場上，為了打勝仗，往往要先避敵鋒芒，退避三舍。有的時候，暫時的投降也是一種麻痺敵人的有效策略，在敵人放鬆警惕的時候贏得一個保存實力、積蓄力量的機會，這是一種生存智慧，也是一種戰場藝術。暫時的投降讓勾踐扭轉劣勢，並最終擊潰吳國；我們為人處世也一樣，成功的人生時時離不開適時的「投降」。

初涉人世時，人們大都不諳世事，只會衝撞，不懂投降，結果往往碰壁，吃了不少苦頭。然而，大多數人在碰壁後，「吃一塹，長一智」，慢慢學會了暫時投降，暫時低頭，暫時認輸，結果卻踏上了通暢的人生之路。但是，也有一些人總也不懂投降，結果處處荊棘，四面楚歌，甚至身敗名裂，抱恨終生。

　　大凡不會投降的人，都以為激流勇進才是英雄，而向人低頭則是「窩囊廢」。其實，在不喪失原則的前提下，暫時向對方認輸，比硬著頭皮堅持作戰，把自己送上死路要高明得多。古人云「能屈能伸者，大丈夫也」。

狡兔有三窟

常言道:「水至清則無魚。」意思是說清澈的水潭裡如果有魚,早就被人用盡辦法撈走了,其實做事情也一樣,如果沒有計謀,被人一眼看透,那麼這件事的成敗就可想而知了。所以做人應有城府,做事要有「心計」,要像狡兔那樣有三個窟,這樣才能在處處「險惡」的社會環境中生存下來。就拿商場來說,在這些沒有硝煙的戰爭中,商人必須懂得「偽」、「詐」之術,懂得巧放煙幕彈的道理。

一九三六年,四川發生旱災,糧食吃緊。各大糧商乘機囤積居奇,重慶糧價頓時一漲沖天。當時漢口糧價依舊平穩,但因為交通和社會治安的問題,由漢口運糧至重慶出售,不但難以獲利,弄得不好還會虧本,所以重慶糧價一直居高不下。

被尊為麵粉大王的鮮伯良,為解重慶之危,經過一番辛苦籌謀之後,帶了3000包麵粉親自從漢口趕往重慶。

鮮伯良抵達重慶之後,第二天便依常規去走訪各大糧商。糧商見麵粉大王親臨「寒舍」,當然喜出望外,熱情備至。但在每一家糧商客廳裡,當麵粉大王與糧商談興正濃的時候,麵粉大王的高級助理總會匆匆跑來遞給他一紙合約後,在麵粉大王耳邊神

祕細語一番。

就這樣，鮮伯良在輕描淡寫中把重慶的頭號特大新聞一字一句地灌進了每個大糧商的耳朵裡：麵粉大王將從漢口源源不斷地運糧來幫助重慶渡過乾旱之年。

對糧商來說，這無疑是平地驚雷。

接著，鮮伯良開始將從漢口帶來的三千包麵粉低價出售。糧商們這一下更急了，爭先恐後放棄了囤積居奇的美夢，開始競相減價拋售。

不多時，重慶復興麵粉公司的倉庫裡堆滿了低價糧食，而等到糧商們突然發覺自己手頭無糧食了，而漢口並未向重慶運糧時，便趕緊親自趕往漢口。沒料到，此時漢口的糧價竟比自己剛剛拋售的重慶糧價高得多了。而等到他們再次趕回重慶時，卻又發現重慶復興麵粉公司已經開始高價售糧了。

鮮伯良故意製造假消息「麵粉大王將從漢口源源不斷地運糧來幫助重慶渡過乾旱之年」，使各糧商判斷失誤，急於出售手頭囤積的糧食，因而解決了重慶的糧食危機。人生也是一樣，在人生殘酷的生存競爭中，也要像商人一樣懂得運用計謀，讓自己在這場「戰爭」中勝出。

在與他人交往或競爭的很多場合，故意透露虛假資訊，包括你下一步的計畫、當前的境況或資源、優勢與弱勢，等等，這樣蒙蔽對方，使其決策失誤，往往能讓你在不費很大力氣的情況下便可制勝，可謂是一條錦囊妙計。

先發制人：
智取勝利的
布局法則

聲東擊西，讓對手難辨真偽

聲東擊西，即打即離，製造假象，引誘對方作出錯誤判斷，然後乘機殲敵的策略，在古今中外的戰爭中，是頗受歡迎的一種制敵策略。為了使敵方的指揮發生混亂，本不打算進攻甲地，卻佯裝進攻；本來決定進攻乙地，卻不顯出任何進攻的跡象。似可為而不為，似不可為而為之，敵方無法推知對方意圖，被假象迷惑，作出錯誤決斷。

東漢時期，班超出使西域，目的是團結西域諸國共同對抗匈奴。為了使西域諸國便於共同對抗匈奴，必須先打通南北通道。地處大漠西緣的莎車國，煽動周邊小國，歸附匈奴，反對漢朝。班超決定首先平定莎車。莎車國王北向龜茲求援，龜茲王親率五萬人馬，援救莎車。班超聯合於闐等國，兵力只有二萬五千人，敵眾我寡，難以力克，必須智取。班超遂定下聲東擊西之計，迷惑敵人。他派人在軍中散佈對班超的不滿言論，製造打不贏龜茲，有撤退的跡象。並且特別讓莎車俘虜聽得一清二楚。

這天黃昏，班超命於闐大軍向東撤退，自己率部向西撤退，表面上顯得慌亂，故意放俘虜趁機脫逃。俘虜逃回莎車營中，急

忙報告漢軍慌忙撤退的消息。龜茲王大喜，誤認班超懼怕自己而慌忙逃竄，想趁此機會，追殺班超。他立刻下令兵分兩路，追擊逃敵。他親自率一萬精兵向西追殺班超。班超胸有成竹，趁夜幕籠罩大漠，撤退僅十里地，部隊就地隱蔽。龜茲王求勝心切，率領追兵從班超隱蔽處飛馳而過，班超立即集合部隊，與事先約定的東路於闐人馬，迅速回師殺向莎車。班超的部隊如從天而降，莎車猝不及防，迅速瓦解。莎車王驚魂未定，逃走不及，只得請降。龜茲王氣勢洶洶，追趕一夜，未見班超部隊蹤影，又聽得莎車已被平定、人馬傷亡的報告，大勢已去，只有收拾殘部，悻悻然返回龜茲。

一招聲東擊西，打得敵人屁滾尿流，除了認輸，無可奈何。

兵者講究「實則虛之，虛則實之」，看似打此處，吸引敵人的全部注意力，其實真正要攻打的卻是彼處，趁敵人不備而入，出奇制勝，便是兵之道。聲東擊西指數不單在行軍之中有用，生活處事，職場商戰，一樣是不可多得的對策。被稱為美國紐約華爾街第一人的摩根，在南北戰爭中與人合作祕密走私黃金，故意放出他的合夥人在走私黃金的風聲，讓官方將目光盯在了合夥人身上，他則成功運送了手中的黃金。等到北方軍失敗後，黃金的價格暴漲，摩根趁此撈了一筆，將事業推向高峰。

很多精明的成功者都善於運用聲東擊西之策，轉移別人的

先發制人：
第八章
智取勝利的
布局法則

注意力，讓對手「霧裡看花，火中望月」難辨真偽，於是使對方打亂原有計劃，使出新的招數，只是這招數一旦使出，錯誤就來了，再想撤退就為時已晚了。這樣，你便為自己贏得最好機遇，無往不利。

NO.62

瞞天過海，讓對手習以為常

　　故作姿態，用習慣去麻痺對方是很好的鬥志不鬥力的行為，通常能取得很好的效果，提高收益的百分比。

　　很多人都上過網購的當，一件衣服怎麼穿在模特兒身上，拍出來的照片那麼美，而實物拿到手裡就完全不是那回事了。回頭跟店主理論吧，對方又總強調是電腦顯示器的問題，自己只能悶吃啞巴虧。雖然這個道理非常簡單，但很多人仍然一次又一次地被那些漂亮的網路圖片所吸引，每次也都痛痛快快地掏錢，上當也就不止一次了。

　　為什麼會這樣，很顯然，因為人已經產生了情緒疲勞，習慣了網路商家的某種行為，而恰恰是這種習慣性，讓人產生了麻痺心理。

　　研究表明，一些習慣性的行為會使人產生情緒疲勞，大部分人都清楚這個道理，卻不會運用這種方法來為自己在一些情況中獲得利益，其實它是一種最簡單的「瞞天過海」行為。

　　西元五八三年，正直五代時期，陳叔寶當上了陳朝皇帝，整日吃喝玩樂，不理朝政，奸臣當道，民不聊生。

當時隋文帝統一了北方，國力強盛，鬥志正旺。他分析局勢，深知陳朝國力空虛，不堪一擊，便派兵南下，打算一舉消滅陳朝。可是，一條長江成天塹，如何才能安然渡過長江進攻呢？

　　臣子高熲遂向文帝獻了一條計策。隋文帝聽了大喜，立刻下令大軍一齊進攻，首先切斷了陳朝駐守長江上游和中下游的部隊聯繫，使他們不能相互照應。與此同時，隋朝大將賀若弼率大隊人馬向陳朝國都建康進軍。兵馬來到長江北岸駐紮下來，帳篷林立，軍旗飄揚，一副緊張備戰的模樣。

　　陳朝將領見這種陣勢，以為隋軍即將渡江攻城，頓時緊張起來，召集全部人馬，準備與隋軍決一死戰。誰知劍拔弩張地等了幾天，隋軍不但沒有渡江進攻，反而撤了回去，渡口只留了一些小船。陳朝將士以為隋軍水上兵力不足，不敢輕易進攻，鬆了口氣。哪知道隋軍又集結江北，安營紮寨，陳軍慌忙再度備戰。如此反覆折騰幾次，陳軍人困馬乏，加上糧草又被隋軍的探子燒毀，陳軍更是人心惶惶、心靈疲憊，最後乾脆對隋軍的行為不理睬，只當隋軍沒事閒著瞎折騰，隋軍不累他們也累呢。就在陳軍最懈怠的一刻，隋軍突然渡過浩浩長江，發動全面進攻，一時間金鼓齊鳴，陳軍兵敗如山倒。

　　高熲一招「瞞天過海」，小小計策，令敵方麻痺大意，最後不費吹灰之力贏得了戰爭的全面勝利，誰人能說他不高明？

在古今中外戰爭史上，施展瞞天過海之計，出其不意取勝的戰例不勝枚舉。通常，人們防備周全的時候，就很難麻痺大意；可是一旦習以為常，警惕心就完全失去，讓自己暴露在危機當中，此時使用「瞞天過海」是再好不過了。

先發制人：

智取勝利的

布局法則

NO.63
製造困境攻心戰術，讓對方別無選擇的順從

　　掌握製造別無他選的困境的攻心戰術，給人提供有且只有的兩個選擇，而且其中的一個選擇必然好於另一個，再沒有其他什麼選擇的餘地，於是就可以達到普遍認同，而最終選擇其中的好的一個。

　　在生活中，我們往往會遇到談判、競選等場合，這種場合下，當然是需要做出選擇，誰都想讓對方選擇和自己合作，誰都想要群眾選舉自己擔當職務，但是如果不懂得採取一定的心理戰術，則可能會遭受失敗。

　　古代羅馬的政治家布魯斯特在殺害凱撒之後有一場演說：「你們是希望讓凱撒死，而你們大家過自由的日子，還是希望讓凱撒活著而你們都淪為奴隸終至死亡？這兩種你們所要選擇的是什麼？」

　　布魯斯特的演講，給出了當時長老院的長老們這樣兩個選擇，再也沒有其他可以選擇的方法，迫使他們從「自由」或「死亡」之中進行選擇。而很顯然，自由比死亡看上去是更有好處、更有意義的。所以，最後的結局可想而知，長老院最終選擇了自

由，而布魯斯特也因此獲得了勝利。

在現實生活中，我們時常會面臨著一些選擇，很難下定決心，但是如果猶豫不決，就可能失去機會，在左右搖擺中浪費時光，此時就要善於把自己引導別無他選的境地，這樣做選擇就會容易一些。比如，當有人面對著是否該換工作，而無法下決心，就可以對他說：「你是要換個工作，開拓新的人生呢，還是要繼續在這裡虛度餘生？」對方在這兩個選項中，自然會容易做出選擇。

雖然運用這種方法也常會發生許多障礙，但對於處於迷惑不決中的人們，則可以迫使其朝著自己所期望的方向去選擇。例如，當你要說服正在選擇就業公司的畢業生時，可以說：「與其勉強地進入一家好的公司，卻因為能力不夠而被漠視，進而遭受打擊，產生挫敗感，還不如進入一家自己能勝任的公司，找回信心，發揮出自己的優勢，並且得到有效的提高。」像這種誘導方式，則可以說明對方消除疑慮和猶豫，盡快的做出選擇。

設置的兩個選擇沒有優劣之分，還是會讓人無法做出決定，雖說「魚和熊掌不可兼得」，但是「二者皆吾之所欲也」，沒有大的差別，很難讓人取捨，因此，我們還要強調兩個選擇中哪個更優，哪個更劣，有著這樣的一個對比，就更容易讓人做出選擇了。

守株待兔，讓兔子自己撞上來

　　守株待兔的故事可謂是人人皆知了，不過，它所傳達給我們的心計智慧，想必很少有人知道了。那就是，人只有先將樹栽好，做足一切準備工作，才能在「兔子」衝過來的時候，讓其結結實實地撞到柱子上，成為我的獵物。

　　太公姓姜名尚，又名呂尚，是輔佐周文王、周武王滅商的功臣。他在沒有得到文王重用的時候，隱居在陝西渭水邊一個地方。那裡是周族領袖姬昌（即周文王）統治的地區，他希望能引起姬昌對自己的注意，因而建立功業。

　　太公常在番溪旁垂釣。一般人釣魚，都是用彎鉤，上面有香味的餌食，然後把它沉在水裡，誘騙魚兒上鉤。但太公的釣鉤是直的，上面不掛魚餌，也不沉到水裡，並且離水面三尺高。他一邊高高舉起釣竿，一邊自言自語道：「不想活的魚兒呀，你們願意的話，就自己上鉤吧！」

　　一天，有個打柴的來到溪邊，見太公用不放魚餌的直鉤在水面上釣魚，便對他說：「老先生，像你這樣釣魚，一百年也釣不到一條魚的！」

太公舉了舉釣竿，說：「對你說實話吧！我不是為了釣到魚，而是為了釣到王與侯！」

太公奇特的釣魚方法，終於傳到了姬昌那裡。姬昌知道後，派一名士兵去叫他來。但太公並不理睬這個士兵，只顧自己釣魚，並自言自語道：「釣啊，釣啊，魚兒不上鉤，蝦兒來胡鬧！」

姬昌聽了士兵的稟報後，改派一名官員去請太公來。可是太公依然不答理，邊釣邊說：「釣啊，釣啊，大魚不上鉤，小魚別胡鬧！」

姬昌這才意識到，這個釣者必是位賢才，要親自去請他才對。於是他吃了三天素，洗了澡換了衣服，帶著厚禮，前往番溪去聘請太公。太公見他誠心誠意來聘請自己，便答應為他效力。

後來，姜尚輔佐文王，興邦立國，還幫助文王的兒子武王姬發，滅掉了商朝，被武王封於齊地，實現了自己建功立業的願望。

像姜太公這樣的例子，在國外也屢見不鮮。

杜文是個傑出的藝術經紀人，在美國藝術收藏市場赫赫有名。各界人士都願意登門拜訪，但是實業家梅隆卻從來不和杜文打交道。杜文下定決心，到死的前一分鐘也要讓梅隆成為自己的客戶。

許多人都認為這只是杜文一廂情願的白日夢，因為梅隆是一

個性格內向、沉默寡言的人，更重要的是他對素未謀面的杜文並沒有什麼好感。

杜文卻不氣餒：「你們就等著看吧，梅隆不僅會買我的東西，而且只會向我買，我要讓他成為我一個人的客戶。於是，杜文積極搜集梅隆的資訊，花很多時間去瞭解他的習性、品味和愛好。他祕密收買了梅隆的幾個手下，從他們那裡可以得到寶貴的資訊。等到時機成熟準備採取行動時，杜文對梅隆的瞭解程度甚至連梅隆的妻子都無法與之相比。

一九二一年，梅隆訪問倫敦。杜文在他下榻的飯店的電梯門口遇見了梅隆。梅隆要乘電梯去國家畫廊的消息是幾分鐘前由梅隆的隨從提供的，杜文抓住機會巧妙地製造了這場邂逅。

「你好嗎，梅隆先生？」杜文熱情地介紹自己，「我正要上國家畫廊欣賞一些畫，你呢？」

「我也是。」梅隆說。

杜文已對梅隆的品味瞭若指掌，在去國家畫廊的路上，他淵博的知識讓這位大亨驚奇不已，更令梅隆不可思議的是，兩人的品味居然也驚人的相似。

回到紐約後，梅隆迫不及待地拜訪了杜文神祕的畫廊，裡面收藏的作品正是他夢寐以求的東西。

正如杜文預言，從此之後，梅隆成了杜文一個人的客戶。

姜太公也好，杜文也好，都是事先將目標對象瞭解得一清二

楚，做足了準備工作，然後等「魚兒」自動來上「鉤」，等「兔子」自動來「撞樹」。也只有這樣，才能有的放矢，一舉成功。

與人交往中，每一個人總是很善於把自己的一切隱藏得不露聲色，所以事先做足準備工作就要求我們盡力去摸清對方的想法以及下一步的行動，這樣才能在交往的過程中取得主動的地位。

身分

建立權威：身分是一個很奇怪的東西

　　成功的老闆和員工待在同一間辦公室裡，即使衣著差不多，別人也能一眼看出來誰是員工，誰是老闆。老闆的身分不是靠權力和制度來劃定的，而是日常工作中有意「經營」出來的。老闆要適當表現自己的「身分」。如果不能表現出這一點，那麼這個老闆就是不合格的。

NO.65

刻讓人知道你是「有身分」的人

　　生意場上的人要有意做一些可以顯示身分的事情，有些消費並不一定是他們真正需要的，但這樣做可以堅定下屬乃至合作者的信心，並消除外界的懷疑。一旦政府或企業的高層管理者長期沒有這類舉動，就會有一些不利的「流言」傳播。一個人長期低調、謹慎，就會有內部外部的人猜測，他是不是職位不保、面臨調整？從這個意義上來講，老闆講身分和大牌明星講排場，都是同一個目的。

　　為了顯示身分，老闆還要注意自己的講話方式。一般來說，在辦公室裡跟員工講話，要親切自然，不能讓員工過於緊張，以利於對方更好地領會自己的意圖。但是在公開場合講話，比如在公司大會演講，做報告，就要威嚴有力，有震懾效果。

　　如果遇到員工意見與自己意見相左的情況，可以明確給予否定。如果員工的意見確是對公司、對自己有利的，也不要急於發表看法，可以先說「讓我仔細考慮一下」或「容我們研究、商量一下」。老闆可以利用時間從容仔細考慮是取是捨，提出意見的員工也不會沾沾自喜，而會愈加謹慎。這樣做在無形中增加了老

闆的權威，比草率決定要好得多。

　　除了注意言語，行為更加重要。老闆的者權威身分，一般都是由適合的行為動作表現出來的。聰明的老闆切不可在員工面前舉止失度，行為輕佻。

　　你如果在內部獲得了提升，就會發現：原來平級的同事對自己的新身分表現得滿不在乎，甚至不服氣。如何突破這一考驗呢？不可以擺架子，那樣就容易把自己孤立起來。但可以有意拉開距離，不再一起吃吃喝喝、隨意聊天，也可以在人事上進行一些調整，殺一殺不服之人的傲氣。只有這樣，才能讓他們意識到誰才是老闆。

　　老闆對自己的身分還有另一個擔心：消磨日久，他人對老闆的身分感覺變得麻痺。即使是中國古代的皇帝，具有任意的生殺予奪的權力，也時常有臣民或侍人忘記應有的禮儀和尊崇。皇帝是這樣做的，透過嚴肅的儀式和殘酷的殺人方式，不斷提醒他的臣民和奴僕：這是至高無上的皇上，他的力量有多麼強大。老闆也要經常顯出自己的身分。

NO.66
有鮮明的立場，不可遷就大多數

如果老闆一味服從多數，而無自己的立場和見解，威信就無法建立。人們會想，既然總是少數服從多數，每次直接投票得了，要老闆幹嘛？

某廠有個工人偷竊了廠裡的線纜，偷得雖然不多，但性質很嚴重。廠長準備對此事嚴肅處理。可是不巧的是，這個人在廠裡平時人緣不錯，上上下下都多少有些交情。於是很多人給他求情。有人說：「念他初犯，先饒他這一次吧。」有人說：「數量又不多，又沒給廠裡帶來多大損失，幹嗎這麼嚴肅？」最理直氣壯的一種說法是：「你看，我們這麼多人都來給他求情。少數服從多數，廠長也該聽聽我們的意見。」

廠長義正詞嚴地回答說：「什麼少數服從多數？廠規是廠裡最大多數的人通過的，要服從，就服從這個多數。」最後，在廠長的堅持下，這個人受到了嚴厲處理。

這件事發生後的一段時間內，廠長好像有點孤立，但時間一長，理解和贊同他的人便越來越多，而偷盜廠內財物的情況也從此大為減少了。

老闆一定要有鮮明的立場，不可盲從多數。雖說「少數服從多數」是一句人人慣說的口頭禪，但還有一句話說的是「真理往往掌握在少數人手裡」。不要認為只有照多數人的意見辦事，才能和平地收拾局面，才不會把事情搞僵。最重要的是對真理的判斷，而不是對人數的判斷。有些居心叵測的人很善於忽悠群眾，以「多數」作後盾而提出無理要求，這樣的「多數」就無須服從。

「取信於民」是每個管理者展開工作的基石，如果得不到下屬的信賴，天長日久，管理者的威信就會一落千丈，其老闆地位就會失去基礎。古人云，一言既出，駟馬難追；言必行，行必果。這是做人的學問，也是管理者處理好人際關係樹立自己威信的準則。

不少管理者所做的最糟糕的一件事就是愛許諾，可是他們卻又偏偏不珍惜這一諾千金的價值，在聽覺與視覺上滿足了下屬的希望之後，又留給了人們漫長的等待與終無音訊可循的噩耗。

諾言最能激發人們的熱情。試想在你頭腦興奮的狀態下，許下了一個同樣令人興奮的諾言：若能超額完成任務，大家月底將能夠拿到百分之四十的分紅。這是怎樣的一則消息啊。情緒高亢的人們已無暇顧忌它的真實性了，想像力已穿過時空的隧道進入了月底分紅的那一幕。

接下來人們便數著指頭算日子，將你的許諾化為精神的支

柱投入到辛勤工作之中去了。到了月底，人們關注的焦點還能是什麼呢？而你此時最希望的恐怕就是有一場突如其來的大事件，將人們的注意力統統引向另一個震盪人心的事件，最好是大家就此得了失憶症，在見到你時，問你的都是「我是誰？」這樣的問題。

就如你讓一個天真的孩子替你跑腿送一份急件，當孩子跑回向你索要獎賞時，你卻溜之大吉，那孩子可能會由此而學會了收取訂金的本領。一旦下屬有了這樣的心態，那管理者在組織中就是一個徹底的失敗者，權威沒有了，難得的信任也消失了，哪裡還有權威可言？

管理者的命令不是聖旨，但其承諾卻有著沉甸甸的分量。對於不能實現的諾言，最好今天就讓下屬失望，也不要等到騙取了下屬的積極性後的明天讓他們更失望。

NO.67

用感情樹威

　　在人際交往中，感情是必不可少的因素。感情是相互間建立良好關係的潤滑劑。聰明的管理者，都十分注重感情投資。對於感情投資，必須有一個正確的認識。應該是自覺地、一貫地，不能只做表面文章，保持三分鐘熱度。以情動人貴在真誠持久。「路遙知馬力，日久見人心」，大多的感情投資需要較長的時間才能結出果實，因為人與人之間的理解與信賴需要一個過程。

　　感情投資不講究一日之功。如果管理者能長期注重感情投資，對管理將會大有裨益。感情是聯繫人際關係不可缺少的關鍵，存在於管理者與下屬之間，這種感情是互相影響的。想得到下屬的理解、尊重、信任和支持，首先應懂得怎樣理解、信任、關心和愛護他們。有投入才會有產出，有耕耘才會有收穫，不行春風，哪得春雨？所以，作為一名管理者，一定要高度重視對下屬以心換心，以情動情。

　　與下屬以心換心、以情動情之所以必要，是因為人人都有這種需要。馬斯洛的「需求層次說」認為：凡是人都希望別人尊敬和重視自己，關心體貼自己，理解信任自己。這種需要，是屬於

229

心理上和精神上的，是比生理和物質上的更高級的需要。物質只能給人以飽暖，精神才能給人以力量。「士為知己者死」，如果管理者能夠對下屬平等相待，以誠相見，感情相通，心心相印，從思想上理解他們，從生活上關心和愛護他們，在工作上信任支持他們，使他們的精神得到滿足，他們就會煥發出高昂的熱情，奉獻出無私的力量，就會把工作做得更好。

許多古代政治家都善於以心換心，以情動情。劉邦的「信而愛人」，唐太宗的「以誠信天下」，都是頗為動人的老闆行為。每個人都需要別人特別是管理者的同情、尊重、理解和信任。如果管理者能夠注意這一點，並身體力行，那麼組織就會出現和諧、融洽的氣氛，內耗就會減少，凝聚力和向心力就會大大增強。

中國民諺裡關於以心換心、以情動情的話比比皆是。「投之以桃，報之有李」，「你敬我一尺，我敬你一丈」，等等。在現實的公司管理工作中，上司更應該感情投資，知曉人情也是自己雄厚的資本。

一個組織或團隊彙集了來自五湖四海的人，作為管理者應該想一下：這些性情各異的人為何會聚集在你的周圍，聽你指揮，為你效勞？俗話說：「澆樹要澆根，帶人要帶心。」管理者只有摸清下屬的內心願望和需求，並予以適當的滿足，才可能讓眾人追隨你。

下面是專家對普通勞動者共同需求的分析，作為管理者應熟諳於心。

1. 同工同酬

大多數人都希望他們工作能得到公平的報償，即同樣的工作得同樣的報酬。他們不滿的是別人幹同類或同樣的工作，卻拿更多的錢。他們希望自己的收入符合正常的水準。偏離準則是令人惱火的，很可能引起大家的不滿。

2. 被看成是一個「人物」

人們往往希望自己在夥伴的眼裡顯得很重要。他們希望自己的出色工作能得到承認。鼓勵幾句、拍拍肩膀或增加工資都有助於滿足這種需要。

3. 步步高升的機會

大多數人都希望在工作中有晉升的機會。向前發展是至關重要的，沒有前途的工作會使人產生不滿，最終可能導致辭職。

4. 在舒適的地方從事有趣的工作

人們大都把這一點排在許多要素的前列，他們希望有一個安全、清潔和舒適的工作環境。但是，如果對工作不感興趣，再舒

適的工作場所也無濟於事。

另外不是每個下屬在工作和業務中都會有顯著的成績。這些下屬雖然表現一般，但並非說明他們沒有能力，有些是很不錯的，只不過他們的能力還沒有被激發出來，而且，他們也更需要管理者的關注和激勵。這就要求管理者要有挖掘這些一般下屬優點的眼光，如果管理者能夠在日常的工作事務中發掘出他們的優點並予以哪怕是口頭的表揚，就可能改變很多人，大大激發他們的潛能。

小王是廣州一家公司的技術員，由於剛從高校畢業至此，對實際工程操作還不順手，在第一年中幾乎沒有任何可圈可點的表現，他自己也灰心喪氣。但是這家公司的老闆卻發現小王有一個可貴的優點，就是理論基礎扎實，於是老闆不僅私下找小王談心，表揚他這個優點，並把他放到車間裡進行鍛鍊。結果一年以後，小王憑他深厚的理論功底再加上實踐經驗，設計出了一種新穎的操作流程，為該公司帶來了大筆利潤。

即使下屬沒有潛在的才能，但只要他誠誠懇懇、兢兢業業，就值得讚揚。某公司的一個清潔工，本來是一個最被人忽視、最被人看不起的角色，但就是這樣一個人，卻在一天晚上保險櫃被竊時，與小偷進行了殊死搏鬥。

事後，有人為他請功並問他的動機時，答案卻出人意料。他

說，當公司的總經理從他身邊經過時，總會不時地讚揚他「你掃的地真乾淨」。

你看，就這麼一句簡簡單單的話，就使這個員工受到了感動，也正合了中國的一句老話「士為知己者死」。

年利潤高達六億美元的美國玫琳凱化妝品公司經理說，有兩件東西比金錢和性更為重要——認可和讚美。

金錢在提高下屬們的積極性方面不是萬能的，而讚美卻恰好可以彌補它的不足，在這方面表現得更為有力。因為生活中的每一個人，包括你的下屬們都是有自尊心和榮譽感的人。你對他真誠的表揚與稱讚，就是對他價值的最好承認和重視。

NO.68

懂不是錯，不懂裝懂才是錯

　　《論語》中說：「知之為知之，不知為不知，是知也。」這句話意在強調做學問時，應當具備誠實的態度，知道的就是知道，對不知道的東西，我們不僅應當老實地承認「不知道」，而且要敢於說「不知道」。對企業管理者來說，也是一樣的道理。

　　無論你是一名位居高職的老闆還是普普通通的員工，遇到困難，解決不了不是你的錯，只要你有一顆積極學習的心態，你將很快成長起來。但如果你不懂裝懂，才會真正讓人瞧不起。華為公司在招聘員工時尤其注重其學習能力。

　　華為公司每當在招聘結束後，任正非在新員工進企業第一天的大會上，就會告訴大家，文憑只代表你的過去，進了企業後，文憑就失效了，大家都站在同一條起跑線上，關鍵是看你後面的學習能力、成長能力。

　　在這個科技高速發展的社會，尤其是現代企業管理，企業老闆越來越看重員工的學習能力、成長能力。甚至有知名企業老總在談及用人時這樣說：「學歷不重要，學習的能力才重要。」

　　無論你知識如何豐富，學識怎麼淵博，在工作中也不可避免

地會出現某一方面的「短板」。我們常說第一次失敗是悲劇，第二次失敗就是笑話了。失敗不要緊，做錯事也不要緊，關鍵是你要能從失敗和錯誤中吸取教訓，取得進步，那就是一個聰明人。

這就要求你要有很好的學習能力，才能夠獲得各種你需要的能力，取得進步。不懂不要緊，只要你肯於學習，善於學習，你就能由不懂到懂，不懂不是罪，不懂裝懂就有罪；不懂不表示你愚蠢，不懂還自以為是，不肯學習，那就是愚蠢。

可是在實際工作中，有些老闆遇到問題，因為顧忌自己的虛榮心與面子，就是喜歡不懂裝懂瞎指揮，結果不僅出不良的後果，還鬧出笑話。這樣一來，在員工面前不僅沒有挽回威嚴，反而失去了威信。

不懂裝懂，是一種心虛的表現，是一種基於自卑心理的盲目自尊。作為一名管理者，要敢於承認自己的不懂，有時虛心地向同事與下屬學習，這不僅不會被員工看不起，反而會你的誠實贏得大家的信任，同時也表現了你虛懷若谷的胸懷。

NO.69

能把握「到位感」

所謂過猶不及，管理者與下屬之間的關係是相當微妙的，一定要注意「到位」，才能行之有效。管理者說話要有分寸。由於所處的地位、職能，管理者說話的分量與影響力與一般人不同，同樣一句話從管理者口說出就更具權威性與信任感。這就要求管理者不可隨意講話，滿嘴瞎掰不是管理者的該做的事。

在上司與下屬談話時，上司應讓下屬充分地把意見、態度都表明，然後再說話。讓下屬先談，主動權在自己，可以從聽下屬的報告中選擇弱點追問下去，讓對方瞭解問題，再談自己的看法，這樣對方易於接受。如果還沒掌握全部事實，還沒經過深度思考就講出自己的意見，你下的結論就是危險的，若受到下屬的駁問將會十分尷尬。

無論說什麼話都要把握分寸。不把話說得過滿，就是一種分寸感。比如新主管被調到一個長期虧損的公司，還未經過調查研究，就在職工大會上放言：「要在半年內解決群眾的福利和住房問題，並且轉虧為盈。」這就是把話說得太滿了。結果到最後，由於客觀條件的限制，儘管使出渾身解數，一年內仍無起色。承

諾變成了空話，老闆的威信一落千丈。大氣魄不一定能解決大問題，給自己留有迴旋餘地，方能顯出老闆的說話水準。

說話要留餘地，但也不能打混仗，要適當表現出果斷和權威。上司應感到自己的話具有「拍板」、「定調」的味道。如果下屬與上司談了一小時的話，上司都沒有說出一句決策性的話，那這場交談將沒有結果。這樣的交談，就是失敗的。

維護自己的威信是必需的，因為一個沒有主見、被人左右的管理者無法得到下屬的尊敬與服從。但這並不意味著管理者可以剛愎自用獨斷專行。好的管理者在與下屬交談時，應擺出兼收並蓄、取長補短、互相切磋、求同存異的姿態。不要著急下結論。

管理者在與下屬溝通時，還應注意對下屬的尊重，談話時切忌盛氣凌人，批評時切忌冷嘲熱諷，有錯時切忌迴避粉飾，有功時切忌自我炫耀。

永續圖書
線上購物網

www.foreverbooks.com.tw

◆ 加入會員即享活動及會員折扣。

◆ 每月均有優惠活動，期期不同。

◆ 新加入會員三天內訂購書籍不限本數金額，

即贈送精選書籍一本。（依網站標示為主）

專業圖書發行、書局經銷、圖書出版

永續圖書總代理：

五觀藝術出版社、培育文化、棋茵出版社、大拓文化、讀
品文化、雅典文化、知音人文化、手藝家出版社、璞申文
化、智學堂文化、語言鳥文化

活動期內，永續圖書將保留變更或終止該活動之權利及最終決定權。

▶ **改變百萬人命運的人際交往術** （讀品讀者回函卡）

■ 謝謝您購買本書，請詳細填寫本卡各欄後寄回，我們每月將抽選一百名回函讀者寄出精美禮物，並享有生日當月購書優惠！
想知道更多更即時的消息，請搜尋 "永續圖書粉絲團"

■ 您也可以使用傳真或是掃描圖檔寄回公司信箱，謝謝。
傳真電話：（02）8647-3660　　信箱：yungjiuh@ms45.hinet.net

◆ 姓名：＿＿＿＿＿＿＿＿　□男 □女　　□單身 □已婚

◆ 生日：＿＿＿＿＿＿＿＿　□非會員　　□已是會員

◆ E-Mail：＿＿＿＿＿＿　電話：（ ）

◆ 地址：＿＿＿＿＿＿＿＿

◆ 學歷：□高中及以下　□專科或大學　□研究所以上　□其他

◆ 職業：□學生　□資訊　□製造　□行銷　□服務　□金融
　　　　□傳播　□公教　□軍警　□自由　□家管　□其他

◆ 閱讀嗜好：□兩性　□心理　□勵志　□傳記　□文學　□健康
　　　　　　□財經　□企管　□行銷　□休閒　□小說　□其他

◆ 您平均一年購書：□ 5本以下　□ 6～10本　□ 11～20本
　　　　　　　　　□ 21～30本以下　□ 30本以上

◆ 購買此書的金額：＿＿＿＿＿

◆ 購自：＿＿＿＿＿ 市（縣）
　　□連鎖書店　□一般書局　□量販店　□超商　□書展
　　□郵購　□網路訂購　□其他

◆ 您購買此書的原因：□書名　□作者　□內容　□封面
　　　　　　　　　　□版面設計　□其他＿＿＿＿＿

◆ 建議改進：□內容　□封面　□版面設計　□其他＿＿＿＿＿
　　您的建議：

剪下後傳真、掃描或寄回至「22103新北市汐止區大同路三段194號9樓之1讀品文化收」

廣 告 回 信
基隆郵局登記證
基隆廣字第 55 號

2 2 1 - 0 3

新北市汐止區大同路三段 194 號 9 樓之 1

讀品文化事業有限公司　收

電話／(02) 8647-3663　　傳真／(02) 8647-3660
劃撥帳號／18669219　　永續圖書有限公司

請沿此虛線對折免貼郵票或以傳真、掃描方式寄回本公司，謝謝！

讀好書品嘗人生的美味

改變百萬人命運的
人際交往術